公務員試験

【高卒程度・社会人】

初級スーパー 過去問ゼミ

社会科学

JN087450

| 国家 一般職 [高卒・社会人] | 高卒程度 都道府県 職員 | 高卒程度 市役所 職員 | 高卒程度 警察官 | 高卒程度 消防官 |

資格試験研究会編
実務教育出版

初級スーパー過去問ゼミ

刊行に当たって

　過去問対策の定番として公務員試験受験生から圧倒的な信頼を寄せられている「初級スーパー過去問ゼミ」シリーズ。今回，平成30年度以降の問題を新たに収録し，最新の出題傾向に沿った内容に見直しを図るとともに，紙面デザインなども一新してよりわかりやすく，学習しやすく進化しました。

　本シリーズは，高等学校卒業程度（初級）の公務員試験攻略のための，過去問ベスト・セレクションです。「**国家一般職 [高卒] および [社会人]**」「**税務職員**」「**高卒程度都道府県職員**」「**高卒程度市役所職員**」試験を中心に，「**高卒程度警察官**」「**高卒程度消防官 (消防士)**」試験などで実際に出題された過去問を使用して作られています。

　採用試験の制度が変わっても，「公務員試験を攻略するためには，過去問演習が欠かせない」というセオリーは変わりません。

　良質な過去問で演習を繰り返すことで，合格への道はおのずと開けてきます。本シリーズでの学習を通して，どんな出題形式にも対応できる実力を身につけてください。

　本書を手に取られたあなたが，新時代の公務を担う一員となれるよう，われわれスタッフ一同も応援します！

資格試験研究会

本書の構成と使い方

本書で取り扱う試験の名称表記について

❶ **国家一般職／税務，国家Ⅲ種**…国家公務員採用一般職試験［高卒者試験］［社会人試験（係員級）］，税務職員採用試験，国家公務員採用Ⅲ種試験

❷ **社会人，中途採用者**…国家公務員採用一般職試験［社会人試験（係員級）］，国家公務員中途採用者選考試験

❸ **地方初級**…地方公務員採用初級試験（道府県・政令指定都市・市役所・消防官採用試験［高卒程度］）

❹ **東京都**…東京都職員Ⅲ類採用試験

❺ **特別区**…特別区（東京23区）職員Ⅲ類採用試験

❻ **警察官**…警察官採用試験［高卒程度］

❼ **警視庁**…警視庁警察官Ⅲ類採用試験

❽ **東京消防庁**…東京消防庁消防官Ⅲ類採用試験

❾ **地方中級**…地方公務員採用中級試験（都道府県・政令指定都市・市役所）

掲載した問題の末尾に試験名の略称と出題された年度を記載しています。

※注1　平成26年度から，国家一般職の「高卒者試験」と「社会人試験（係員級）」の問題は全問共通となっています。

※注2　平成23年度までは，国家Ⅲ種の中に「行政事務」と「税務」区分があり，問題は全問共通でした。平成24年度以降も，国家一般職と税務の問題は全問共通となっています。

※注3　消防官（消防士）の採用試験は基本的に市町村単位で実施されており（東京都の場合は一部地域を除いて東京消防庁），教養試験に関しては市町村の事務系職種と同じ第一次試験日で試験問題も共通していることが多くなっているため，本書では「地方初級」に分類しています。

本書に収録されている「過去問」について

❶ 試験実施団体により問題が公表されている試験については，公表された問題を掲載しています（平成9年度以降の国家一般職・国家Ⅲ種，平成19年度以降の社会人・中途採用者，平成13年度以降の東京都，平成14年度以降の特別区，平成15年度以降の警視庁，平成16年度以降の東京消防庁）。それ以外の問題は，過去の公務員試験において実際に出題された問題を，受験生から得た情報をもとに実務教育出版が独自に編集し，復元したものです。

❷ 学校教育において教育内容・用語が改訂されたために内容や用語を統一した，年月がたって状況が変わってしまったので現状に合わせた，などの理由で，問題に手を加えている場合があります。大幅な訂正があった問題については「改題」の表示をしています。

❶ 社会科学　攻略のポイント

　最近の初級公務員試験の問題を分析して，科目別に最新の出題傾向と効果的な
学習方法についてアドバイスしています。今後の学習の指針としてください。

❷ 各テーマの重要度

　各テーマ冒頭で，そのテーマがどれくらい重要なのかをバナナの本数で示して
います。

	バナナ3本 … どの試験にもよく出題される重要なテーマ
	バナナ2本 … 比較的重要なテーマ
	バナナ1本 … 一部の試験でのみ出題されるテーマ

❸ 重要問題

　各テーマのトップを飾るにふさわしい良問をピックアップしました。この「重要
問題」と同じような問題が，本試験で何度も出題されていますから，合格のため
には必ずマスターしておきたいところです。

 復習する際に確認しておきたい事項などについて簡潔に示しています。問題を解
いた後に，理解度をチェックしましょう。

 問題に関する補足説明や，別の解き方など，一歩進んだ学習ができる知識を紹介
しています。

 テーマ全体に関するワンポイント・アドバイスや，学習を進めるうえで注意して
おきたい点などを提示しています。

❹ 要点のまとめ

　これだけは理解したい・覚えておきたい要点をいくつかの「重要ポイント」に分け，
見やすい図表などを駆使してコンパクトにまとめています。問題を解く前の知識
整理に，また試験直前の確認に活用しましょう。

 「重要ポイント」で説明しきれなかった補足知識や，得点アップにつながる発展知
識をまとめています。

❺ 実戦問題

　各テーマをスムーズに理解できるよう，バランスよく問題を選びました。解説は，
「重要問題」と同じように，詳しく丁寧に記述してあります。全部解いて，実戦力を
アップしましょう。

　また，学習効果の高い問題を選んで 🐵 のアイコンを付けています。重要問題
と 🐵 の問題を解いていけば，スピーディーに本書をひととおりこなせます。
特に，本番の試験まで時間が取れない場合などにご活用ください。

CONTENTS

公務員試験【高卒程度・社会人】
初級スーパー過去問ゼミ

社会科学

第1章 **政治** …………… 11

カバーデザイン／cycledesign　書名ロゴ／早瀬芳文　イラスト／アキワシンヤ

社会科学 攻略のポイント

政治

ここが出る！ 最近の出題傾向

　国家一般職をはじめとして，どの試験においても，日本国憲法と基本的人権に関する問題がよく出題される。特に近年は，社会権，「新しい人権」，公共の福祉による制限に関する出題が目立つ。内閣や国会に関する出題も全般的に出題され，これに裁判所を含めた「統治機構」と，先に述べた「人権」が，2つの大きな柱といえるだろう。また地方自治に関する出題もある。特に地方初級の受験者は身近な問題としてとらえておこう。

　憲法分野のほかには，選挙や主要国の政治制度がよく出題されており，選挙制度改革や各国の政権交代など，最近の社会情勢との関連が重視されている。なお，国際情勢に関する問題は，科目を横断してよく出題される。経済テーマ6「世界の経済事情」を忘れずに学習しておこう。

ここに注意！効果的な学習法

ポイント 1 日本国憲法を何度も読み返そう

　基本的人権や国会・内閣に関しては，何よりも日本国憲法の条文に関する知識がカギとなる。前文と，主要条文を何度も読み返し，「14条＝法の下の平等」「28条＝労働基本権」のように，条項と内容を対応させて暗記しよう。

ポイント 2 知識のまとめには図や表を活用する

　基本的人権の種類，国会・内閣の仕組み，選挙制度の特徴，住民の直接請求権の種類，主要国の政治制度など，具体的な知識は図や表で整理すると理解の助けになる。本書の図表を丸ごと覚えるつもりで取り組もう。

ポイント 3 国際関係の基礎知識と世界情勢を押さえる

　国際連合と専門機関および補助機関は最もよく出題されるテーマである。総会，安全保障理事会，IMF，ILO，WHO，UNESCO，UNICEFなどがよく問われる。また，EU，ASEAN，APEC，AUなどの地域機構，WTOなどの経済機構，NATOなどの安全保障機構も重要。これらの正式名称（日

本語訳）と略称（アルファベット），設立年度，加盟国，設立の目的，最近
の活動などを，きちんと整理しよう。加盟国の増加や，新しい条約の締結な
ど，常に情勢は動いているので，最新の情報をチェックすること。

経済

ここが出る！ 最近の出題傾向

　各試験で，わが国の財政・金融に関する問題がよく出題されている。景気
変動やインフレーションなど，時事的話題と関連して問われるものが多い。
また，財政に関してはわが国の前年度予算の概要，税制について押さえてお
く必要がある。日本経済および世界経済における現状把握の問題の比重も大
きくなっている。
　市場機構に関しては，アダム・スミスやケインズの主張，需要と供給の法
則や独占・寡占市場など，ミクロ経済学の基礎的な概念が問われる。

ここに注意！効果的な学習法

ポイント❶ わが国の財政・金融は必修

　経済の出題の中心を占める分野であるので，学習を怠ってはいけない。制
度の仕組みや政策の効果をきちんと理解しよう。国家財政も金融も，近年さ
まざまな変容を遂げているので，国債をめぐる問題，財政の健全化，税制改
正など，主要トピックについては特に注意すること。

ポイント❷ 市場機構の理論は問題演習で攻略

　需要曲線・供給曲線の形状とシフトなど，ミクロ経済学のグラフ問題は一
見取っつきにくいが，いったん考え方を理解すれば効率的に得点できる分野
である。現実の経済を単純なモデルに表したもので，問われている内容はそ
れほど難しくはない。基本的な出題パターンを覚え込もう。

経済もやはり時事問題に要注意。といっても，細かい数値の知識が正誤のポイントになることはほとんどない。前年度比でどう増減したか，最近の日本経済の課題は何かといった，広い視点での把握が大事である。あわせて，各国の金融・財政危機，EPAやFTA，TPPなどの経済連携のような，グローバルな経済的課題における日本の役割についても目配りをしておくこと。

社会

ここが出る！ 最近の出題傾向

出題範囲は文字どおり現代社会全般に及び，時事的問題が中心となる。少子高齢化問題，社会保障・福祉，労働問題，教育問題，医療問題，食に関する問題，環境・エネルギー問題，科学・産業技術の動向など，その時々で話題となっているトピックが出題されている。一般社会事情に関する出題は，ここ数年さらに比重が大きくなっている。

一方で，青年期の心理や防衛機制など，必ずしも時事的内容にとどまらないテーマの出題も見られる。広く現代社会の特徴を問う問題ととらえて，対策を怠らないようにしよう。

なお，試験によっても出題傾向に多少違いがあり，たとえば警察官では安全保障・防衛問題，犯罪・少年問題など，職種を意識した問題が見られる。

ここに注意！効果的な学習法

ポイント **1** 新しい法律・法改正には要注意

新しい法律や，民法，刑法，医療保険制度改革関連法，労働者派遣法，育児・介護休業法，道路交通法，航空法の改正など，ここ数年の間に成立・公布・施行された法律に関する問題はよく出題される。また，気候変動枠組み条約など大きな進展のあった国際間の協定等についても同様である。該当す

る過去問がない，あるいは過去問で問われた事実が変更されている場合が多いので，日頃からニュースに気を配ると同時に，本書「要点のまとめ」を利用して効率的に学習しよう。

ポイント **2** 日本人の国際的な活躍に注目

　ノーベル賞やオリンピックなど，世界を舞台とした日本人の活躍がめざましい。ノーベル賞受賞者の名前や受賞理由などを整理して覚えておこう。また，世界遺産の国内での登録も，ここ数年は毎年のように続いている。さらに2020年の東京夏季オリンピック開催に向けても，国際的なスポーツ大会やスポーツ行政に関する出題が続くと予想される。

ポイント **3** やはり時事問題が大事！

　いうまでもなく，「社会」で出題されるほとんどの問題は時事問題である。国内および海外で今課題となっている事項を中心に，幅広く知識を吸収しよう。政治や経済など他の科目と関連づけて学習するのもよい。また，択一式試験に限らず，作文や面接対策，ひいては社会人として最低限の一般常識を身につけるのにも，きっと役立つはずだ。

9

第1章

政　治

重要問題

　次の文は，日本国憲法前文の一部であるが，文中の空所Ａ〜Ｄに該当する語または語句の組合せとして，妥当なのはどれか。

【特別区・令和２年度】

　日本国民は，正当に選挙された国会における代表者を通じて行動し，われらとわれらの子孫のために，諸国民との協和による成果と，わが国全土にわたつて（　**A**　）のもたらす恵沢を確保し，政府の行為によつて再び（　**B**　）が起ることのないやうにすることを決意し，ここに主権が国民に存することを宣言し，この憲法を確定する。そもそも国政は，国民の厳粛な（　**C**　）によるものであつて，その権威は国民に由来し，その権力は国民の代表者がこれを行使し，その福利は国民がこれを享受する。これは人類普遍の原理であり，この憲法は，かかる原理に基くものである。われらは，これに反する一切の（　**D**　），法令及び詔勅を排除する。

	A	B	C	D
1	平和	戦争の惨禍	信託	条約
2	平和	国際紛争	信任	条約
3	自由	戦争の惨禍	信任	条約
4	自由	国際紛争	信任	憲法
5	自由	戦争の惨禍	信託	憲法

解説

日本国憲法を支える基本原理を押さえておけば，前文に関する問題にはほぼ答えられる。本問は，国民主権の原理はどのような形で実現されるかについて述べた部分に関する問いである。

■日本国憲法を支える基本原理

①国民主権（主権在民），②基本的人権の尊重，③平和主義（戦争の放棄）

このうち①は，国民は選挙による代表者を通じて行動するという代表民主制によって実現される。つまり，国政は国民の信託によるもので，その権威のよりどころも，それが反映する先も国民であるということを理解すること。

1 × B「戦争の惨禍」は平和主義，C「信託」は代表民主制による国民主権の実現について述べた部分であり正しい。ほかは誤り。

2 × すべて誤り。

3 × A「自由」は，基本的人権について述べた部分であり正しい。B「戦争の惨禍」も正しい。

4 × A「自由」，D「憲法」は正しい。ほかは誤り。

5 ◎ 正しい。

☞確認しよう ➡憲法の三大基本原理（国民主権，基本的人権の尊重，平和主義） **正答 5**

参考 「法令」と「詔勅」

「法令」は，憲法，法律をはじめ，政令，勅令，府令，省令をさす。「詔勅」は，詔書（天皇の言葉を記した公文書），勅書（天皇の命令を記した公文書），勅語（天皇のみことのり）をいう。

FOCUS

日本国憲法に関してよく出題されているのは，大日本帝国憲法と日本国憲法の相違点である。基本的な知識や理解を問う問題が多く，条文についての深い知識まで求められることはあまりない。

「重要問題」のように前文に関する問題も多い。前文はおもに国民主権，平和主義，国際協調主義について述べているが，国民主権の具体的な生かされ方が「選挙」であることを問う問題がよく出ているので，注意しよう。

要点の まとめ

重要ポイント ① 日本国憲法の基本原理

日本国憲法の三大基本原理に関する出題は多い。国民主権とは，国の政治を国民が最終的に決めることである。

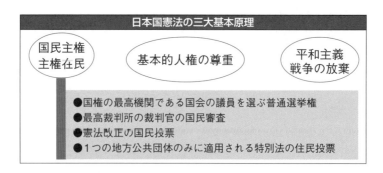

日本国憲法の三大基本原理

国民主権 主権在民	基本的人権の尊重	平和主義 戦争の放棄

- 国権の最高機関である国会の議員を選ぶ普通選挙権
- 最高裁判所の裁判官の国民審査
- 憲法改正の国民投票
- 1つの地方公共団体のみに適用される特別法の住民投票

■日本国憲法の定める統治機構

　主権者の国民を中心に，立法（国会），行政（内閣），司法（裁判所）の3機関が互いに牽制しバランスをとるような仕組みが定められている。この仕組みの中心となるのが，国民の選挙である。

*1　国会が指名する内閣総理大臣の任命，および内閣が指名する最高裁判所長官の任命は天皇の国事行為（6条）。

*2　予算の決議や法律の決議などは国民に直接関係するので，十分審議を尽くすために二院制がとられている。

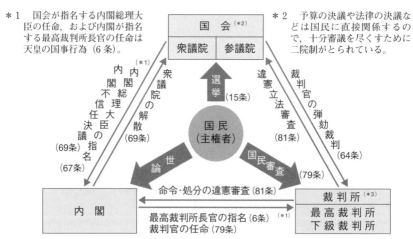

*3　国民の人権を確かなものとするために，三審制がとられている。

14

政治

重要ポイント **2** **大日本帝国憲法と日本国憲法の比較**

大日本帝国憲法と日本国憲法との相違点については，よく問われる。主権者の違いによって，国の政治の仕組みが大きく変わることに注意する。

　天皇が主権者であった大日本帝国憲法では，国民の権利は制限され，また国会は天皇の協賛機関であった。

比較事項	大日本帝国憲法	日本国憲法
発布・公布	1889（明治22）年2月11日	1946（昭和21）年11月3日
施行	1890（明治23）年11月29日	1947（昭和22）年5月3日
主権	天皇主権・天皇大権中心主義	国民主権・権力分立主義
天皇	神聖不可侵の存在 元首として統治権を掌握	国民統合の象徴（象徴天皇制） 形式的な国事行為のみ
戦争と戦力	天皇が陸海軍を統帥 兵役の義務（徴兵制）	戦争の放棄 戦力の不保持・交戦権の否認
国民の権利	天皇から与えられた臣民の権利 法律による制限的な権利 社会権の保障なし	永久不可侵の基本的人権 法の下の平等 権利保持の責任と乱用の禁止
国会（立法権）	天皇の協賛機関	国権の最高機関 国の唯一の立法機関

ここにも注意

　国民の権利や，国の政治の仕組みを定めた憲法は国の最高法規であり，その改正手続きは，一般の法律に比べ厳格に規定されている（硬性憲法）。
　憲法の改正は，最終的には，主権者である国民の判断で決まる（国民投票において過半数の賛成がなければ改正できない）。

実戦問題

1 大日本帝国憲法（明治憲法）の特色に関する記述として，妥当なのはどれか。　【特別区・令和2年度】

1　明治憲法は，1889年，君主権力の強いプロイセン憲法を模範にし，民定憲法として発布された。

2　立法・行政・司法の三権は，「統帥権の総攬者」としての天皇に属するものであった。

3　陸海軍の指揮命令権である統治権は，議会や内閣も関与できないことから，「統治権の独立」と称せられた。

4　明治憲法下の国民の権利は，「臣民の権利」であり，それには法律の範囲内において認められるという法律の留保があった。

5　明治憲法下の政治機構において，立法権は，天皇が帝国議会の輔弼をもって行い，行政権は，各国務大臣が天皇を協賛し行使されるものであった。

2 次の文は，日本国憲法前文の一部であるが，文中の空所A〜Dに該当する語句の組合せとして，妥当なのはどれか。　【特別区・平成23年度】

　日本国民は，（　**A**　）を念願し，人類相互の関係を支配する（　**B**　）を深く自覚するのであつて，平和を愛する諸国民の（　**C**　）に信頼して，われらの安全と生存を保持しようと決意した。われらは，平和を維持し，専制と隷従，圧迫と偏狭を地上から永遠に除去しようと努めてゐる国際社会において，（　**D**　）を占めたいと思ふ。われらは，全世界の国民が，ひとしく恐怖と欠乏から免かれ，平和のうちに生存する権利を有することを確認する。

	A	B	C	D
1	名誉ある地位	崇高な理想	恒久の平和	公正と信義
2	名誉ある地位	公正と信義	恒久の平和	崇高な理想
3	名誉ある地位	公正と信義	崇高な理想	恒久の平和
4	恒久の平和	公正と信義	崇高な理想	名誉ある地位
5	恒久の平和	崇高な理想	公正と信義	名誉ある地位

3 次のA〜Eの場合において，憲法上，直接民主制が規定されているものの組合せとして，最も妥当なのはどれか。 【警視庁・平成27年度】

A 内閣総理大臣の選出

B 憲法改正

C 一つの地方公共団体のみに適用される特別法の制定

D 衆議院の解散請求

E 最高裁判所裁判官の審査

1 A, B, E

2 A, C

3 B, C, E

4 B, D

5 C, D, E

4 次のA〜Eの記述のうち，わが国において実施するに当たって憲法改正が必要とされるもののみを挙げているのはどれか。 【国家Ⅲ種・平成20年度】

A 衆議院議員を選出する選挙権を18歳以上の国民に与えること。

B 国会を一院制にすること。

C 国民が内閣総理大臣を直接選挙により指名すること。

D 国会議員でない文民を国務大臣として内閣総理大臣が任命すること。

E 環境税を新設すること。

1 A, D

2 A, E

3 B, C

4 B, E

5 C, D

5 次のA〜Eのうち，日本国憲法に規定する天皇の国事行為に該当するものを選んだ組合せとして，妥当なのはどれか。　【特別区・平成28年度】

A　最高裁判所長官を指名すること
B　外交関係を処理すること
C　法律を公布すること
D　大赦および特赦を決定すること
E　衆議院を解散すること

1　A，C
2　A，D
3　B，D
4　B，E
5　C，E

6 日本国憲法第96条に規定する憲法改正に関する次の記述で，A〜Dに当てはまる語句の組み合わせとして，最も妥当なのはどれか。

【東京消防庁・令和2年度】

（第1項）この憲法の改正は，各議院の（　**A**　）の賛成で，国会が，これを発議し，国民に提案してその承認を経なければならない。この承認には，特別の国民投票又は国会の定める選挙の際行われる投票において，（　**B**　）の賛成を必要とする。

（第2項）憲法改正について前項の承認を経たときは，（　**C**　）は，国民の名で，この憲法と一体をなすものとして，直ちにこれを（　**D**　）とする。

	A	B	C	D
1	出席議員の3分の2以上	過半数	天皇	公布
2	総議員の過半数	3分の2以上	天皇	施行
3	総議員の過半数	過半数	内閣総理大臣	施行
4	総議員の3分の2以上	過半数	天皇	公布
5	総席議員の3分の2以上	3分の2以上	内閣総理大臣	施行

実戦問題●**解説**

1 大日本帝国憲法（明治憲法）の内容について，日本国憲法と比較しつつ用語を整理しておく。

1 ✕ 「明治憲法は，国民によって制定された「民定憲法」でなく，君主（天皇）によって制定された「欽定憲法」である。

2 ✕ 立法・行政・司法の三権は，「統治権」の総攬者としての天皇に属した。「統帥権」ではない。

3 ✕ 陸海軍の指揮命令権である統帥権は議会や内閣が関与できない天皇の大権とされており，「統帥権の独立」と称された。「統治権」ではない。

4 ◎ 正しい。明治憲法下での国民の権利は，「臣民の権利」として天皇から恩恵的に法律の範囲内で与えられたものであった。

5 ✕ 明治憲法下においては，立法権について帝国議会が天皇を「協賛」し，行政権について各国務大臣が天皇を「輔弼」することとされていた。

☞**確認しよう** ➡日本国憲法と大日本帝国憲法の特徴　　　**正答** 4

2 日本国憲法の三大基本原理の一つ「平和主義」について述べている部分である。どのような立場で世界平和を維持しようという考えか，内容を理解する必要がある。

1 ✕ A念願するのは「名誉ある地位」ではなく，「恒久の平和」である。B「崇高な理想」は正しい。C「平和を愛する諸国民の（　）に信頼して」は，「平和を愛する世界の人々の（公正と信義）を信じて」という意味である。D「名誉ある地位」が入る。平和を守り，専制や奴隷制のない自由で民主的な国際社会を実現しようとする世界各国とともに平和主義を徹底することを，「名誉ある地位」と表現したもの。

2 ✕ A〜Dすべて誤り。1を参照のこと。

3 ✕ A〜Dすべて誤り。1を参照のこと。

4 ✕ A「恒久の平和」とD「名誉ある地位」は正しい。B，Cは誤り。

5 ◎ 正しい。日本国民は，恒久の平和を願い，平和のうちに生存する権利を有すると述べた前文の一部である。

☞**確認しよう** ➡日本国憲法前文とその解釈　　　**正答** 5

3 日本の政治は代表民主制が原則であるが，例外的に直接民主制がとられている。国民が国政に直接かかわるのはどのような場合か。

A 内閣総理大臣は国会で指名される（憲法67条1項）。国会は，国民の代表者によって構成されているので，**直接民主制ではない**。

B 正しい。憲法を改正するためには，各議院の総議員の3分の2以上の賛成で国会が発議し，国民投票で過半数の賛成を必要とする（96条）。

C 正しい。一つの地方公共団体のみに適用される特別法の制定は，その地域の住民投票で過半数の同意を得なければならない（95条）。

D 衆議院の解散は，**天皇の国事行為**（7条）だが，実際は内閣が決定する（69条）。

E 正しい。最高裁判所裁判官は，任命後に初めて行われる衆議院議員選挙の際，およびその後10年を経過した後に初めて行われる同選挙のたびごとに国民によって審査される（79条2項）。

したがって，**3**が妥当である。

☞確認しよう ➡直接民主制（国民投票，住民投票，国民審査）　　正答 **3**

4 憲法の条文に規定されていることの知識がカギ。憲法の規定と異なることを実施しようとする場合は，憲法の改正が必要となる。

Aの選挙権を持つ年齢は，**公職選挙法**に定められている。これを改正するには，国会の議決を経ればよい。

Bと**C**は，憲法に規定されている事項なので，**憲法改正が必要**である。

Dは憲法の規定どおりであるから，改正の必要はない。

Eの環境税を新設するには，国会の議決を経ればよい。

したがって，**3**が妥当である。

☞確認しよう ➡憲法の主な条文とその解釈　　正答 **3**

政治

⑤ 日本国憲法は，天皇は国の象徴であり，国政に関しては権能を持たないと規定している。認められている国事行為については内閣の助言と承認が必要。これらから判断する。

　　A，B，Dは，内閣の職務である。憲法に定められている天皇の国事行為は，C「法律を公布する」とE「衆議院を解散する」である。

　　したがって，**5**が妥当である。

（☞確認しよう）➡天皇の任命権と国事行為　　　　　　　　　　　正答 **5**

⑥ 憲法の改正に必要な国会と国民それぞれの賛成票について押さえておくこと。2014（平成26）年の憲法改正国民投票法の改正により，国民投票の投票権年齢が引き下げられ，満18歳以上となった。

1× B「過半数」，C「天皇」，D「公布」は正しい。Aは誤り。国会が発議した改正案が，国民投票において有効投票総数の過半数の賛成で承認される。改正が承認されると，天皇が国民の名で直ちに公布する。

2× C「天皇」は正しい。ほかは誤り。

3× B「過半数」は正しい。ほかは誤り。

4◎ 国会の発議には，衆参各議院の「総議員の3分の2以上」の賛成が必要である。

5× A「総議員の3分の2以上」は正しい。ほかは誤り。

（☞確認しよう）➡憲法改正の手続き　　　　　　　　　　　　正答 **4**

参考　日本国憲法改正の成立までには，次のような手続きを必要とする。
　　　①各議院の総議員の3分の2以上の賛成で国会が憲法改正を発議
　　　②国民投票で有効投票総数の過半数の賛成
　　　③天皇が国民の名で憲法改正を公布
　　　憲法改正の手続きに必要な国民投票は「日本国憲法の改正手続に関する法律（憲法改正国民投票法）」に規定されている。

テーマ 2 基本的人権

重要度

重要問題

> 日本国憲法における基本的人権に関する記述として，最も妥当なのはどれか。　　　　　　　　　　　　　　【東京消防庁・平成29年度】
>
> **1** 憲法は法の下の平等を定め，生まれによって決定される人種，性別等の差別を禁じているが，自分で選択することのできる信条に関する差別については禁止していない。
> **2** 言論や出版の自由は個人の人格形成に不可欠であることから憲法で保障されているが，集会の自由は他の人の権利と衝突するおそれがあるため，憲法で保障されていない。
> **3** 憲法は信教の自由を保障しているが，宗教団体が国から特権を受けることや国が宗教的活動をすることを禁止している。
> **4** 憲法は財産権の保障を規定し，また近代憲法においては個人の財産権は絶対不可侵のものと考えられているため，財産権に制限を加えることは許されない。
> **5** 憲法は外国へ移住する自由を保障しているが，国籍を離脱する自由までは保障していない。

解説

日本国憲法の三大特徴の一つである基本的人権の尊重についての問題。「公共の福祉」による基本的人権の制限に関する出題も多く，この角度からの検討も求められる。

■基本的人権と公共の福祉

　日本国憲法第3章は「国民の権利および義務」に関する規定であり，その12条に「この憲法が国民に保障する自由及び権利は，国民の不断の努力によつて，これを保持しなければならない。又，国民は，これを濫用してはならないのであつて，常に公共の福祉のためにこれを利用する責任を負ふ」とある。

1 × 憲法は14条1項において法の下の平等を宣言し、「人種、信条、性別、社会的身分又は門地」による差別を禁止している。したがって、信条による差別も禁止されている。また、これらは例示列挙であるため、不合理な差別はこれら以外であっても禁止されている。

2 × 憲法は21条1項で「集会、結社及び言論、出版その他一切の表現の自由は、これを保障する」として、集会についても他のものと同様に保障している。

3 ◎ 正しい。憲法は20条で信教の自由を保障するとともに、宗教団体が国から特権を受けること（1項後段）、国が宗教的活動をすること（3項）を禁止し、政教分離の原則も定めている。

4 × 憲法29条1項は財産権を保障するが、これは、公共の福祉による制約に服すものとされている（2項）。また、憲法は正当な補償があれば私有財産を制限することができる（3項）としている。

5 × 憲法は22条2項で、「外国に移住し、又は国籍を離脱する自由」を保障する。もっとも、日本国籍を離脱し無国籍となることは認められていない。

☞確認しよう ➡基本的人権と公共の福祉の関係　　　　　正答 **3**

FOCUS

　基本的人権に対する公共の福祉による制限には、その他22条の「何人も、公共の福祉に反しない限り、居住、移転及び職業選択の自由を有する」という規定がある。また、25条の「すべて国民は、健康で文化的な最低限度の生活を営む権利を有する」という規定は、国の政治的・道徳的責務を宣言したにとどまるもので、直接個々の国民に具体的権利を与えるものではないというプログラム規定説による判例（朝日訴訟、1967年）がある。

重要ポイント **1** **日本国憲法と基本的人権**

日本国憲法が保障している基本的人権は自由権，平等権，社会権，参政権，請求権に大別される。それぞれの人権の主な具体的内容が問われる（カッコ内の数字は憲法の条項を示す）。

■基本的人権の尊重

憲法は人権を人が生まれながらに持つ基本権と位置づけている。

「国民は，すべての基本的人権の享有を妨げられない。この憲法が国民に保障する基本的人権は，侵すことのできない永久の権利」（11条）

「人類の多年にわたる自由獲得の努力の成果」（97条）

「国民の不断の努力によつて，これを保持しなければならない」（12条）

①自由権

精神の自由	●思想・良心の自由（19） ●信教の自由（20） ●言論・出版その他表現の自由（21） ●集会・結社の自由（21） ●学問の自由（23）
人身の自由	●奴隷的拘束・苦役からの自由（18） ●法の正当な手続きの保障（31） ●不当侵害の禁止，刑事被告人の権利（33～39）
経済の自由	●居住・移転・職業選択の自由（22） ●外国移住・国籍離脱の自由（22） ●財産権の不可侵（29）

②平等権

●法の下の平等（14）
●男女の本質的平等（24）
●参政権の平等（44）

③社会権

●生存権〔健康で文化的な最低限度の生活を営む権利〕（25）
●教育を受ける権利（26）
●勤労の権利（27）
●勤労者の団結権・団体交渉権・団体行動権（28）

④参政権

●公務員の選定・罷免権（15）
●選挙権・被選挙権（15, 44, 93）
●最高裁判所裁判官の国民審査権（79）
●特別法の制定同意権（95）
●憲法改正の国民投票権（96）

⑤請求権

●請願権（16）
●損害賠償請求権（17）
●裁判請求権〔裁判を受ける権利〕（32, 37）
●刑事補償請求権（40）

＊上記のうち，参政権と請求権は，基本的人権を保障するための権利である。

ここにも注意

　特に憲法で定められていないが，社会情勢の変化に伴って主張され，認められるようになった「新しい人権」についても，注意が必要である。「新しい人権」には次のようなものがある。
　　●人格権（プライバシーの権利，肖像権など）
　　●健康に生きる権利（環境権，日照権など）
　　●知る権利（情報入手権，アクセス権など）
　　●平和に生きる権利
　　●尊厳死の権利

重要ポイント ❷ 公務員と外国人の人権

近年，公務員と外国人の人権に対する世論の関心が高まっている。公務員は争議権が，外国人は参政権が認められていないことが焦点になっており，その理由も問われる。

■公務員の人権

職務の公共性などから公務員の労働三権（団結権，団体交渉権，団体行動権）は制限され，団体行動権（争議権）については全面一律禁止。非現業の一般公務員の団体交渉権は一部制限されている。

※労働協約は締結できないなどの制約があるものの，労働条件の交渉は認められている。

	団結権	団体交渉権	団体行動権
警察・消防・自衛隊・海上保安庁・監獄の職員	×	×	×
非現業の一般の公務員	○	△	×
現業の公務員	○	○	×

■外国人の人権

日本国憲法において，人権を享受する主体は国民であることが第一義的要件である。社会権のうち，労働基本権は外国人にも認められる。

保障されないもの	・参政権（選挙権，被選挙権，国民投票権など） ・社会権（生存権，教育を受ける権利，勤労の権利） ・入国の自由（在留の要求権利も含む）
制限されるもの	・政治活動の自由（国の政治的意思決定，またはその実施に影響を及ぼす活動は制限される） ・職業選択の自由は制限される場合がある

※近年，定住外国人に自治体の選挙権・被選挙権（地方参政権）を認めようとする要求が高まっている。1995（平成7）年には，最高裁判決の傍論（裁判官の意見のうち，判決理由には入らない部分）で，憲法は定住外国人に地方参政権を付与することを禁止していないとの見解が示された。

重要ポイント3 自由権から社会権（生存権）へ

自由権と社会権の相違点について出題される。自由権から社会権へと，人権の歴史が拡大・発展する経過を理解する。

自由権 ──経済的・社会的弱者の増大→ 社会権

●18〜19世紀（近代）
●精神的・絶対的自由
●消極国家（夜警国家）

●20世紀（現代）
●実質的自由の保障
●積極国家（福祉国家）

 重要ポイント4 主要な人権宣言・憲法

主要な人権宣言および憲法に関する問題では，フランス人権宣言とワイマール憲法がよく出題され，その特色と宣言年代が問われる。

	年	国	特色
マグナ・カルタ（大憲章）	1215	イギリス	基本的人権思想が初めて登場
権利章典	1689	イギリス	議会政治確立の第一歩「王は君臨すれども統治せず」
バージニア権利章典	1776	アメリカ	世界最初の人権宣言
フランス人権宣言（人および市民の権利宣言）	1789	フランス	自由権・平等権・国民主権・三権分立
ワイマール憲法	1919	ドイツ	世界で最初に社会権を規定
国際人権規約	1966	国際連合	国連総会で採決。世界人権宣言（1948年）を具体化

実戦問題

1 人権保障の考え方に関して，アメリカ合衆国の独立宣言や，フランスの人権宣言をモデルとして，19世紀において各国の憲法にとり入れられた人権と，20世紀においてワイマール憲法成立後にとり入れられた人権とでは，その内容が変化してきているが，この両者に関する記述のうち正しいものは，次のうちどれか。　　　　　　　　　　　　　　　　　　　　【国家Ⅲ種・平成6年度】

1　19世紀における人権には，20世紀における人権と同様な男女同権の普通選挙を内容とする参政権や平等権がとり入れられていた。

2　20世紀の人権には，19世紀における人権にはなかった生存権，労働者の権利，教育を受ける権利などの社会権がとり入れられている。

3　財産権について見ると，19世紀における人権には，公共の福祉による制限がとり入れられていたが，20世紀における人権には，この制限は取り除かれている。

4　20世紀における人権には，19世紀にはなかった表現の自由と，それに制限を与えるプライバシーの保護がとり入れられている。

5　19世紀における人権には，請願権などの受益権や信教の自由はとり入れられていなかったが，20世紀における人権には，それらがとり入れられている。

2 日本国憲法の条文とそれに該当する基本的人権の種類に関する次の記述のうち，妥当なのはどれか。　　　　　　　　　　　　　　　　　　　　　【地方初級・令和元年度】

1　すべて国民は，健康で文化的な最低限度の生活を営む権利を有する。－自由権

2　何人も，いかなる奴隷的拘束も受けない。又，犯罪に因る処罰の場合を除いては，その意に反する苦役に服させられない。－社会権

3　公務員を選定し，及びこれを罷免することは，国民固有の権利である。－平等権

4　すべて国民は，法の下に平等であつて，人種，信条，性別，社会的身分又は門地により，政治的，経済的又は社会的関係において，差別されない。－参政権

5　何人も，裁判所において裁判を受ける権利を奪はれない。－請求権

③ 社会権に関する記述として最も妥当なのはどれか。

【国家一般職／税務／社会人・平成30年度】

1 社会権は，ドイツのワイマール憲法において初めて規定され，日本国憲法では生存権，労働基本権，教育を受ける権利が保障されている。

2 日本国憲法では，国民に勤労（労働）の権利を明示しているが，一方で一定の収入があり生活が安定している場合もあることから勤労の義務は明示していない。

3 日本国憲法では，すべて国民は健康で文化的な最低限度の生活を営む権利を有すると規定しているが，国民の社会福祉や社会保障の向上などに関する規定はない。

4 日本国憲法では，勤労者の団結権・団体交渉権・団体行動権（争議権）を定めているが，公務員については，団体交渉権と団体行動権が一切認められていない。

5 人間が人間らしく生きるには，一定の知識・教養等を身につける必要があり，日本国憲法ではすべての国民にその能力にかかわらず平等に高等教育までの教育を受ける権利を保障している。

④ 労働基本権に関する記述として，最も妥当なのはどれか。

【警視庁・平成27年度】

1 憲法第27条で勤労権，憲法第28条で団結権・団体交渉権・団体行動権（争議権）の労働三権が保障されており，これらの権利を総称して労働基本権というが，これらは自由権としての性格を有し，社会権としての性格は有しない。

2 公務員は労働三権が一部制限されているが，団体行動権は認められている。

3 公務員の労働基本権制限の代償措置として人事院が設置され，国家公務員の労働条件について勧告を出している。

4 労働基本権の理念に基づき，男女雇用機会均等法，職業安定法，労働者派遣法の労働三法が制定された。

5 憲法は団体行動権を保障しているため，争議行為において暴力が行使されても処罰されることはない。

5 新しい人権に関する記述として，妥当なものはどれか。

【警視庁・平成22年度】

1 良い環境を守るため，憲法上の生存権と幸福追求権とを根拠として環境権が主張されているが，環境の汚染や破壊を防止するための法律の制定にまでは至っていない。

2 主権者である国民が，自分たちの生活に関係のある情報を国や地方公共団体などで閲覧したり入手したりできる権利をアクセス権という。

3 自分に関する情報を自己管理できる権利として，プライバシーの権利をより積極的にとらえる考え方が強まったのを受け，昭和63年に「行政機関の保有する電子計算機処理に係る個人情報の保護に関する法律」が制定された。

4 言論の自由を実現するには，巨大化したマス・メディアを開かれたものとし，人々がそれに接近・参入・利用する権利を認めるべきだとの考えから，知る権利が主張されている。

5 平成11年に制定された情報公開法では，行政文書を原則公開とし，だれでも開示を請求できるとしているが，政府の諸活動を国民に説明する責務については明示していない。

6 日本国憲法で保障されている権利のうち，日本国民にのみ保障されており，外国人には保障されていないものは，次のうちどれか。

【地方初級・平成10年度】

1 裁判を受ける権利

2 人身の自由

3 国会議員の選挙権

4 表現の自由

5 法の下の平等

実戦問題●解説

1 人権思想は，自由権思想（17～18世紀）から参政権思想（19世紀），社会権思想（20世紀）へと変わっていった。基本的人権の保障の歴史を，思想の流れとして理解するのが解法のカギ。

1 × 参政権は19世紀の人権思想であるが，男女平等の普通選挙が世界で初めて認められたのは，1919年の**ワイマール憲法**下のドイツである。

2 ◎ 正しい。ワイマール憲法で初めて**生存権**が保障された。

3 × 20世紀の人権には，公共の福祉による制限がとり入れられている。日本国憲法が代表例。

4 × 「表現の自由」はすでに19世紀中頃には一般化していた。

5 × 「信教の自由」も19世紀中頃には一般化していた。請願権は，イギリスの権利章典（1689年）にも明記されていた。

確認しよう ➡自由権から社会権へ発展する人権の歴史　　**正答 2**

参考 19世紀中頃には，学問・信教の自由，財産および身体の自由などからなる自由権と，参政権，請願権などの請求権（国務請求権，受益権）が認められていた。

2 日本国憲法で保障された人権の種類のみならず，条文についての理解が問われている。実際に条文と照らし合わせながら，各人権について理解を深めておく。

1 × 憲法25条1項の「生存権」の規定であり「社会権」に該当する。大日本帝国憲法には社会権の規定がなく日本国憲法で初めてとり入れられた。

2 × 憲法18条の「奴隷的拘束及び苦役の禁止」の規定であり「自由権」（人身の自由）に該当する。

3 × 憲法15条1項の「公務員の選定罷免権」の規定であり「参政権」に該当する。

4 × 憲法14条1項の「平等原則」の規定であり「平等権」（法の下の平等）に該当する。

5 ◎ 正しい。憲法32条の「裁判を受ける権利」の規定であり「請求権」に該当する。請求権は，人権を確保するために国家に対し積極的に働きかける権利である。

確認しよう ➡憲法に規定された自由権・社会権・参政権・請求権　　**正答 5**

③ 社会権について，ワイマール憲法で初めて規定されたこととともに，日本国憲法での具体的規定について確認しておく。

1 ◎ 正しい。設問のように，勤労の権利と労働三権を合わせて労働基本権の保障とすることがある。

2 ✕ 憲法は勤労の権利について「すべて国民は，勤労の権利を有し，義務を負ふ」と規定している。

3 ✕ 憲法は25条1項で生存権を保障し，2項で「国は，すべての生活部面について，社会福祉，社会保障及び公衆衛生の向上及び増進に努めなければならない」と規定している。

4 ✕ 憲法28条が定める労働三権のうち団体行動権（争議権）は，公務員には一切認められていない。一方，警察・消防・自衛隊については，団結権・団体交渉権も認められていない。

5 ✕ 憲法26条1項は「すべて国民は，法律の定めるところにより，その能力に応じて，ひとしく教育を受ける権利を有する」との規定により，能力に基づく入学者の選定などを認めており，設問のような権利を保障していない。

`☞確認しよう` ➡生存権　労働基本権　教育を受ける権利　　　**正答 1**

`参考` 非現業公務員の団体交渉権には，労働協約締結権がないなど一部制限がある。

④ 憲法で保障されている労働三権とその権利を具体化した労働三法についての知識が問われている。公務員の労働基本権の制限がポイント。

1 ✕ 勤労の権利と**労働三権**（団結権・団体交渉権・団体行動権）は，社会権に分類される。

2 ✕ 公務員は，職務の公共性などを根拠に労働三権に制約があり，団体行動権は認められていない。

3 ◎ 正しい。公務員の労働基本権には，団体行動権が認められないなど一定の制限があるため，その代償措置として内閣の管轄下に人事院が設置され，労働条件等の勧告を行っている。

4 ✕ **労働三法**とは，労働三権を具体化するための法で，労働組合法・労働基準法・労働関係調整法の3つをいう。

5 ✕ 労働組合法に「いかなる場合においても，暴力の行使は，労働組合の

正当な行為と解釈されてはならない」（1条2項）と定められている。

☞**確認しよう** ➡労働三権と労働三法　　　　　**正答 3**

⑤ 「新しい人権」とは，憲法には規定はないが，社会の変化に伴って新たに人権として主張されるようになり，認められつつある人権のことである。「新しい人権」が主張されるようになった背景を考える。

1✕ 環境権については，「憲法上の生存権と幸福追求権とを根拠として」という記述は正しいが，環境破壊を防ぐために環境アセスメント法（環境影響評価法）が1997（平成9）年に制定されている。

2✕ アクセス権とは，マス・メディアに対して自己の意見を発表する場を提供してもらう権利のこと。国民が，国や地方公共団体に保有する情報の公開を要求する権利は，**知る権利**である。

3◎ 正しい。2005（平成17）年には，行政機関だけでなく，民間事業者に対しても個人情報の適切な取扱いを義務づける**個人情報保護法**（個人情報の保護に関する法律）が施行された。

4✕ これは知る権利ではなく，アクセス権のことである。

5✕ 「政府の諸活動を国民に説明する責務については明示していない」という記述内容が誤り。**情報公開法**（行政機関の保有する情報の公開に関する法律）では，説明責務を明示している。

☞**確認しよう** ➡新しい人権（環境権，知る権利，個人情報保護法など）　**正答 3**

⑥ 基本的人権のうち，外国人に認められていないものは何か。選択肢は「**1，2，4，5**」と「**3**」に分けることができる。

選択肢**1，2，4，5**は個人一人ひとりを国家権力に対し保護する基本的人権で，選択肢**3**は国の政治に参加する権利，すなわち**参政権**である。外国人にも基本的人権は保障されているが，参政権，特に国政レベルの選挙権は保障されていない。

したがって，**3**が正答である。

☞**確認しよう** ➡国政レベルの参政権は外国人に認められていない　**正答 3**

参考 基本的人権を保障する憲法の条文には「国民に」と述べられているが，人として持つ権利（人身の自由など）は外国人にも保障され，不法入国者であっても保障される。外国人に保障されていない権利には，入国の自由や，社会権（労働基本権を除く）がある。

国会・内閣・裁判所

重要度

重要問題

日本の国会に関する記述として，妥当なのはどれか。

【東京都・平成30年度】

1 国会は，国の唯一の立法機関であるため，国会議員に限って法律案を国会に提出することができる。

2 国会議員には不逮捕特権があるため，国会の会期中は，院外の現行犯と議員の所属する議院の許諾があった場合を除いては，逮捕されない。

3 国会には，常会，臨時会，特別会があるが，このうち特別会は，衆議院または参議院の総議員の4分の1以上の要求があった場合に召集される。

4 衆議院が解散されたときは，参議院を閉会とするかどうかを決定するために，内閣は参議院の緊急集会を開かなくてはならない。

5 国会の各議院では委員会制度が採用されているため，議案は，本会議において実質的に議論された後，常任委員会において最終的に議決される。

解説

国会に関する広範な知識を問う問題である。国会の種類・権限，国会議員の特権，立法の過程などについて，用語に注意して判断することが求められる。

■国会の運営

国会における議案の審議は，衆参両院のそれぞれの**本会議**で意思決定がなされるが，審議を効率よく進めるために各議院に設置された**委員会**で議案を審議した後，本議会で議決される。委員会には，議院に常設されている常任委員会と，必要に応じて設けられる特別委員会がある。

1 × 日本国憲法は権力分立（三権分立）を採用し，国会は「唯一の立法機関」（41条）として立法権を担うが，法律案の提出は，国会議員のほか，各院の委員会（国会法50条の2）や内閣（憲法72条）にも認められている。

2 ◎ 正しい。憲法50条の国会議員の不逮捕特権は，国会の会期中に逮捕されないこと，会期前に逮捕された場合でも議員が所属する院の要求があれば，会期中は釈放しなければならないことである。ただし，「院外における現行犯罪の場合」，また「会期中その院の許諾」があった場合は逮捕されることとなる（国会法33条）。議院内での発言・表決について法的責任を問われない免責特権（憲法51条）と区別すること。

3 × 特別会（憲法54条1項）は，衆議院解散後の総選挙の日から30日以内に召集され，内閣総理大臣の指名が審議の中心となるものをいう。また，臨時会（同53条）は，内閣の召集決定により開かれるもので，いずれかの院の総議員の4分の1以上の要求があった場合，内閣は召集を決定しなければならない。

4 × 両院同時活動の原則により「衆議院が解散されたときは，参議院は，同時に閉会となる」（同54条2項前段）。衆議院解散中に緊急の必要が生じた場合には，内閣は参議院の緊急集会を求めることができる（同後段）。

5 × 議案は各院の常任委員会・特別委員会において実質的な審議が行われ，その採決を経たのち，各院の本会議で審議・議決される。

☞確認しよう ➡国会の権限，衆議院の優越，国会の運営　　　　　正答 2

FOCUS

　国会・内閣・裁判所の統治機構上の位置づけや権限を，憲法の根拠条文を参照しながら整理しよう。位置づけとしては，憲法41条，65条，76条が基本となる。また，衆議院の優越についても頻出であり，機能面と議決面に分けて正確に理解すること。

重要ポイント **1** **国会の地位と権限**

> 国会は主権者である国民から直接選ばれる「国民の代表機関」であり，種々の機能を持っている。3つに分けて理解しよう。

国会の地位：国権の最高機関，国の唯一の立法機関

■国会の権限

立法権	①法律の制定 ②条約の承認 ③憲法改正の発議→最終的には国民の過半数の賛成が必要
行政監督権	①内閣総理大臣の指名 ②内閣不信任決議 ③国政に関する調査権（国政調査権）＝両議院の権限
財政権	①内閣が提出する会計検査院の検査報告を審議・承認 ②課税に対する議決（租税法律主義）

＊このほか弾劾裁判所（罷免の訴追を受けた裁判官の裁判）の設置がある。

 重要ポイント **2** **国会の種類**

> 通常国会に関する問題では，召集時期と会期について問われる場合が多い。臨時国会と特別国会の問題では議題がポイントになる。

種類	回数	召集	会期	主な議題
通常国会 （常会）	毎年1回	1月中	150日間	次年度予算の審議
臨時国会 （臨時会）	不定	内閣またはいずれかの議院の総議員の4分の1以上の要求	両議院一致の議決による （2回延長可）	予算，外交，その他，国政上緊急に必要な議事
特別国会 （特別会）	不定	衆議院解散後の総選挙の日から30日以内	同上 （2回延長可）	内閣総理大臣の指名

参議院の緊急集会（54条）：衆議院が解散し，国の緊急事態に対処する必要があるときに開催されるが，厳密には国会ではない。

重要ポイント❸ 二院制と衆議院の優越

 憲法は原則として衆参両院の対等を掲げているが，例外として衆議院の優越を認めている。衆議院の優越は，衆議院だけに与えられた機能面での優越（予算の先議権，内閣不信任の決議）と，両院の議決が不一致の場合における議決面での優越（下図参照）に大きく分かれる。

	衆議院	参議院
議員定数	465人	248人（令和4年7月25日まで245人）
選挙制度	比例代表（176人） 小選挙区（289人） （小選挙区比例代表並立制）	比例代表（100人（同98人）） （非拘束名簿式比例代表制） 選挙区（148人（同147人））
任期	4年（解散あり）	6年（3年ごとに半数改選）
被選挙権	満25歳以上	満30歳以上
独自の権限	予算の先議権（憲法60条） 内閣不信任の決議権（69条）	緊急集会（憲法54条）

(2021年1月末現在)

■機能面における衆議院の優越

- 予算の先議権
- 内閣不信任の決議権（信任の否決を含む。）

■議決面における衆議院の優越

- 法律案の議決

衆議院 可決 ➡ 参議院 ・否決 ・60日以内に議決せず（→否決とみなされる） ➡ 衆議院で出席議員の3分の2以上で再可決 ➡ 衆議院の議決が国会の議決

- 予算の議決，条約の承認

衆議院 可決 ➡ 参議院 ・否決 ・30日以内に議決せず ➡ 両院協議会 協議不成立 ➡ 衆議院の議決が国会の議決

- 内閣総理大臣の指名

衆議院 指名 ➡ 参議院 ・別人を指名 ・10日以内に指名せず ➡ 両院協議会 協議不成立 ➡ 衆議院の議決が国会の議決

重要ポイント④ 内閣の構成と権限

内閣の権限では，予算・法律案の作成に関する問題が多い。内閣総理大臣の権限では，国務大臣の任免が学習のポイント。

■内閣の構成（カッコ内の数字は憲法の条項を示す）

- 行政権は内閣に属する。(65)
- その首長たる内閣総理大臣およびその他の国務人臣が組織する。(66)
- 内閣総理大臣は国会議員の中から国会が指名し，天皇が任命する。(67)
- 国務大臣は内閣総理大臣が任免し，天皇が認証する。(7, 68)
- 国務大臣の過半数は国会議員の中から選ばれる。(68)
- 国務大臣は，在任中，内閣総理大臣の同意がなければ訴追されない。(75)

■内閣の権限

- 一般行政事務
- 法律の執行と国務の総理／外交関係の処理／条約の締結（国会の承認が必要）／官吏に関する事務の掌理／予算の作成と提出（予算案の国会への提出は内閣総理大臣の権限）／法律案の作成（法律案の国会への提出は内閣総理大臣の権限）／政令の制定／恩赦の決定
- 天皇の国事行為についての助言と承認
- 臨時会の召集の決定（内閣の専権）／参議院の緊急集会の要求
- 裁判官の指名と任命（最高裁判所：長官は内閣が指名し，天皇が任命。その他の裁判官は内閣が任命。下級裁判所：最高裁判所が指名した者の名簿により内閣が任命）

■内閣総理大臣の権限

- 国会に対して：議案を提出すること，内閣を代表すること，一般国務および外交関係を報告すること
- 国務大臣に対して：国務大臣を任免すること，法律・政令に連署すること，閣議を主宰し案件を発議すること
- 行政機関に対して：行政各部を指揮監督すること
- 裁判所に対して：国務大臣の訴追に対する同意権
- 自衛隊に対して：最高指揮監督権，防衛出動命令，治安出動命令など

重要ポイント⑤ 内閣の総辞職

総辞職とは，内閣の構成員がすべて同時に辞職することである。どのようなときに総辞職するかが問われる。

内閣総辞職は，議院内閣制の下で内閣と国会とが連動しなくなった場合に内閣の国会に対する連帯責任を確保するための制度である。

■総辞職する場合（カッコ内の数字は憲法の条項を示す）
　①内閣総理大臣が辞意を表明したとき（70）
　②衆議院で不信任され，10日以内に衆議院が解散されないとき（69）
　③衆議院選挙後に初めて国会が召集されたとき（70）
　④内閣総理大臣が欠けたとき
　　〈死亡，国会議員でなくなった場合〉（70）

 重要ポイント⑥ 最高裁判所と違憲審査権（違憲立法審査権）

違憲審査権は，立法権・行政権に対する司法権の優越として重要である。下級裁判所が違憲審査権を持っているかどうかが問われる。

■最高裁判所
　・司法権の最高機関で，長官と14名の裁判官からなる。
　・訴訟手続きや内部規律などを定める規則制定権を持つ。
　・立法権から独立し，司法行政や下級裁判所の監督権・人事権を持つ。

最高裁判所は，一切の法律，命令，規則又は処分が憲法に適合するかしないかを決定する権限を有する終審裁判所である。（憲法81条）

　・下級裁判所も違憲審査権を持つ。
　・違憲審査は，具体的な事件の解決に付随して行われる（付随的審査制）。

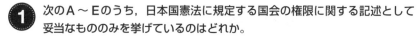

1 次のA〜Eのうち，日本国憲法に規定する国会の権限に関する記述として妥当なもののみを挙げているのはどれか。

【国家一般職／税務／社会人・平成29年度】

A 外交関係の処理を行い，条約を締結すること。

B 天皇の国事行為に関する助言と承認を行うこと。

C 議決により国務大臣を罷免すること。

D 罷免の訴追を受けた裁判官を裁判する弾劾裁判所を設置すること。

E 憲法の改正を発議すること。

1 A, C

2 A, D

3 B, C

4 B, E

5 D, E

 2 次のA〜Eの国会の権限のうち，参議院と比べた場合に衆議院の優越が認められているものを選んだ組合せとして，日本国憲法上，妥当なのはどれか。

【特別区・平成22年度】

A 憲法改正の発議権

B 内閣不信任の決議権

C 条約の承認権

D 国政調査権

E 内閣総理大臣の指名権

1 A, B, D

2 A, C, D

3 A, C, E

4 B, C, E

5 B, D, E

国政調査権に関する記述として，最も妥当なのはどれか。

【警視庁・平成28年度】

1 国政調査権は，国政全体を国民に代わって監督する権限を国会に付与したものであるから，この国政調査権を各議院が単独で行使することはできない。

2 国政調査権は，国政についての正しい認識が求められることから国会の両議院に付与されたものであるため，公務員の職務上の秘密に関する事項にも調査は当然に及ぶ。

3 国政調査権の行使といえども，司法権の独立を侵害することはできないから，立法目的であったとしても裁判所で審理中の事件の事実を調査することは一切許されない。

4 国政調査権の行使を実効的なものとするため，憲法上，両議院に逮捕・捜索・押収のような強制手段をとる権限が与えられている。

5 国政調査権の行使として，証人の出頭および証言を求めることができるが，証人喚問に応じなかったり，虚偽の証言をすると刑罰が科せられることがある。

わが国の内閣と国会に関する記述として最も妥当なのはどれか。

【国家一般職／税務／社会人・平成27年度】

1 内閣の長である内閣総理大臣は，衆議院議員の中から国会の議決によって指名および任命がされる。

2 衆議院が内閣不信任案を可決した場合には，内閣は10日以内に衆議院の解散をしない限り総辞職しなければならない。

3 内閣総理大臣は他に国務大臣を任命することができるが，国務大臣はすべて国会議員でなければならない。

4 内閣総理大臣が他の国務大臣を罷免する場合には国会の同意を必要とし，罷免が否決される場合もある。

5 国会は，条約の締結や恩赦の決定をし，天皇の国事行為に対して助言と承認をする権限を持つ。

5 次のA〜Eのうち，日本国憲法に規定する内閣の権限に該当するものを選んだ組合せとして，妥当なのはどれか。 【特別区・平成29年度】

A 条約の承認
B 予算の作成
C 最高裁判所長官の任命
D 政令の制定
E 憲法改正の発議

1 A，C
2 A，D
3 B，D
4 B，E
5 C，E

6 日本の裁判制度に関する記述として，妥当なのはどれか。
【東京都・令和2年度】

1 裁判所には，最高裁判所と下級裁判所があり，下級裁判所には高等裁判所，家庭裁判所，弾劾裁判所の3種類がある。

2 裁判は，原則として三審制をとっており，高等裁判所に訴えることを上告といい，最高裁判所に訴えることを控訴という。

3 裁判には，民事裁判と刑事裁判があり，民事裁判は個人や団体の財産や身分に関する権利・義務についての争いを裁くものである。

4 違憲立法審査権は，最高裁判所のみに付与されているが，これまでに違憲判決が出された例はない。

5 国民が司法に直接参加するため，2009年から民事事件の第一審において，有罪か無罪かを国民から選ばれた裁判員のみが決定する裁判員制度が導入されている。

7 わが国の司法制度に関する記述として最も妥当なのはどれか。

【国家一般職／税務／社会人・平成28年度】

1 司法権は，公正な裁判を保障するため，裁判所のみに与えられており，立法権および行政権から独立している。また，特別裁判所の設置は禁止されている。

2 裁判官は，憲法により，過去の判例から独立して職権を行使することとされている。また，国民審査の制度を除き罷免されないという身分保障が定められている。

3 裁判の慎重を期するため，訴訟当事者には，同一事件について，不服であれば上告を行い，再審を求める機会が最大3回与えられている。

4 裁判所は，法律が憲法に適合するか否かを審査し，改廃する権限を有しているが，この権限は，行政権の独立の趣旨から，命令・規則・処分には及ばないとされている。

5 司法への民意の反映のため，刑事事件・民事事件の第一審から第三審までの各審理に，一般国民から選ばれた裁判員が参加することとなっている。

8 次のA〜Eのうち，1999年以降の司法制度改革により行われたもののみを挙げたものとして最も妥当なのはどれか。 【中途採用者・平成22年度】

A 違憲法令の審査制度を導入

B 東京高等裁判所に知的財産高等裁判所を設置

C 最高裁判所の裁判官に国民審査制度を導入

D 裁判員制度を導入

E 日本司法支援センター（法テラス）を設立

1 A，B，C

2 A，B，D

3 A，C，E

4 B，D，E

5 C，D，E

1 国会や内閣または内閣総理大臣が，国の様々な手続きにおいて果たす役割の理解が問われる。裁判所の役割も含め，三権相互の牽制の観点からも整理しておくこと。

A ✕ 外交関係の処理および条約の締結は「内閣」の権限である。ただし，締結の事前または事後において「国会」の承認を経る必要がある（憲法73条）。

B ✕ 天皇は，「内閣」の助言と承認により，国事行為を行う（同7条）。

C ✕ 国務大臣の罷免はその任命とともに「内閣総理大臣」の権限である（同68条）。

D ◎ 正しい。裁判官の弾劾裁判は，訴追委員会の訴追を受けて弾劾裁判所により行われるが，訴追委員会，弾劾裁判所はともに「国会」の権限で設置され国会議員により組織される（同125条，126条）。

E ◎ 正しい。憲法改正案の決定を発議といい，これは国会の権限に属する。発議には，各院の総議員の3分の2以上の賛成が必要である。この発議を受けて国民投票が実施される（同96条）。

☞**確認しよう** ➡国会の権限，国会議員の特権　　　　　　　　**正答 5**

2 衆議院の参議院に対する優越の問題。互いに独立した意思決定をするが，対立した場合は衆議院の議決が参議院の議決よりも優先される場合がある。このほか，衆議院の予算の先議権も押さえておくこと。

A 憲法改正の発議は，衆議院と参議院の総議員の3分の2以上の賛成で発議できる（憲法96条）。つまり，両議院の賛成がなければ発議できない。

B 正しい。衆議院は，**内閣の不信任の決議**を行う権限を持つ（69条）。

C 正しい。条約の承認は，参議院が否決して**両院協議会**でも意見が一致しない場合，参議院が30日以内に議決しない場合は，衆議院の議決が国会の議決となる（61条）。

D 「**国政調査権**」とは，国政に関して調査を行う権限のこと。62条に「両議院は，各々国政に関する調査を行い，これに関して，証人の出頭及び証言並びに記録の提出を要求することができる」とある。

E 正しい。内閣総理大臣の指名については，両院協議会でも意見が一致しない場合，参議院が10日以内に指名しない場合は，衆議院の議決が国会の議決となる（67条）。

したがって，**4**が正答である。

☞確認しよう ➡衆議院の優越 　　　　　　　　　　　　　　　　正答 **4**

3 衆参両院の持つ国政調査権は，どこまで認められているかがポイントである。議院証言法の知識も必要。

1 ✕ 国政調査権は，各々院が別々に独立して行使する権利である。

2 ✕ 国政調査権は，公務員の職務上の秘密に関する事項には及ばない。

3 ✕ 裁判所で審理中の事件に関する調査でも，裁判所と目的が異なれば並行して国政調査ができる。

4 ✕ 両議院に逮捕・捜索・押収のような強制手段は許されていない。

5 ◎ 正しい。憲法は，国政調査権について「証人の出頭及び証言並びに記録の提出を要求することができる」（憲法62条）と規定している。また，正当な理由なく証人喚問に応じなかったり，虚偽の証言をしたりすると，議院証言法の違反で刑罰が科せられる。

☞確認しよう ➡国政調査権の範囲 　　　　　　　　　　　　　　正答 **5**

④ 国会と内閣および内閣総理大臣の権限が問われている。どのような場合に衆議院の解散，内閣の総辞職が行われるのかがポイント。

1 ✕ 内閣総理大臣は，国会議員の中から**国会の議決で指名**（憲法67条1項）され，天皇によって任命（6条1項）される。内閣総理大臣は衆議院議員の中からだけでなく，参議院議員がなることもできる。

2 ◎ 正しい。内閣不信任案を衆議院が可決したときは，内閣は衆議院を解散するか，または総辞職しなければならない（69条）。

3 ✕ 国務大臣は，内閣総理大臣によって任命されるが，過半数が国会議員であればよい（68条1項）。ただし，内閣はすべて文民でなければならない（66条2項）。

4 ✕ 内閣総理大臣は，国会の同意なしに国務大臣を任意で罷免することができる（68条2項）。

5 ✕ 条約の締結や恩赦の決定を行うのは，**内閣**（73条）。天皇の国事行為に対する助言と承認をする権限を持つのも，内閣である（7条）。

👉確認しよう ➡国会と内閣の関係　　　　　　　　　　　　　　正答 **2**

⑤ 内閣の権限についての問題である。紛らわしい用語について整理しておくこと。

A ✕ 条約の承認は「国会」の権限であり，内閣の権限は条約の締結である（憲法73条）。また，条約は，憲法改正，法律，政令と同様に天皇が公布する（同7条）。

B ◎ 正しい。予算の作成と国会への提出は，内閣の権限である（同73条）。

C ✕ 最高裁判所長官は，内閣の指名に基づいて「天皇」が任命する（同6条）。最高裁判所の長官以外の裁判官は内閣が任命し（同79条），その任免について天皇が認証する（裁判所法39条）。

D ◎ 正しい。内閣は法律の範囲内で，政令を制定することができる（憲法73条）。

E ✕ 憲法改正は「国会」が発議し，国民投票の承認を経なければならない。承認を経た場合，天皇が国民の名で直ちに公布する（同96条）。

👉確認しよう ➡内閣の権限　　　　　　　　　　　　　　　　正答 **3**

6 裁判制度の基本的な問題である。裁判所の仕組みや裁判の種類，違憲立法審査権，裁判員制度の基本的事項を確実に押さえておく。

1 ✕ 裁判所には最高裁判所と下級裁判所がある（憲法76条）。下級裁判所は裁判所法に規定され，高等裁判所，地方裁判所，家庭裁判所，簡易裁判所の4種類がある。

2 ✕ 裁判については，同一事件について原則3回まで裁判を受けられる三審制が採用されている。第一審判決を不服として上級の裁判所に訴えること（上訴）を控訴，この第二審を不服としてさらに上訴することを上告という。

3 ◎ 正しい。裁判には，民事裁判と刑事裁判がある。刑事裁判は国を公益の代表として犯罪の処罰を求めるものである。

4 ✕ 違憲立法審査権は最高裁判所を終審裁判所として，下級裁判所にも付与されている（同81条）。また現在まで数多くの違憲判決が出されている。

5 ✕ 2009年より導入された裁判員制度は，重大な刑事事件の第一審において，有罪か無罪か，また有罪の場合の量刑を，裁判官と国民から選ばれた裁判員が合議制で決定するものである。

☞確認しよう ➡わが国の司法制度　　　　　　　　　　正答 **3**

⑦ 司法権・裁判官の独立についての基本的理解とともに，三審制，違憲立法審査権，裁判員制度について正確な知識が求められる。

1 ◎ 正しい。司法権はすべて，最高裁判所と下級裁判所に属する（憲法76条1項）。特別裁判所は認められない（同2項）。

2 × 裁判官は，心身の故障のため職務を果たせなくなった場合と弾劾裁判所で罷免が決定された場合を除いて，罷免されない（78条）。

3 × 判決を不服とし再審を求める上級の裁判所への訴えは上訴であり，第一審に不服の場合の控訴と，第二審に不服の場合の上告がある。三審制のもと上訴の機会は最大2回与えられていることになる。

4 × 裁判所の違憲審査権は「一切の法律，命令，規則又は処分」（同81条）に及ぶ。違憲法令審査権と呼ばれることもある。

5 × 2009年から開始された**裁判員制度**は，刑事事件だけがその対象である。国民から選ばれた裁判員が参加するのは，第一審のみである。

☞**確認しよう** ➡裁判所の仕組み　　　　　　　　　　　　**正答** 1

⑧ 司法制度改革とは，国民が利用しやすい司法制度にするために進められている改革のことである。新たな制度に関する知識が必要。

A 違憲立法審査制度は，憲法81条が定める制度。

B 正しい。2005年4月に東京高等裁判所の特別の支部として設置された**知的財産高等裁判所**は，知的財産に関する訴訟を専門に取り扱う。

C 最高裁判所裁判官の国民審査制度は，憲法79条が定める制度。

D 正しい。**裁判員制度**は国民が刑事裁判に参加する制度で，同制度を規定する裁判員法は2009年5月に施行された。

E 正しい。2006年4月に設立された。全国どこでも法によるトラブルの解決に必要な情報やサービスの提供が受けられるようにという構想のもとに設立された公的な法人。

したがって，**4**が正しい。

👉確認しよう ➡司法制度改革（裁判員制度）　　　　　　　　　　正答 **4**

テーマ4 地方自治

重要度

重要問題

わが国の地方自治に関する記述として，妥当なのはどれか。

【特別区・平成30年度】

1 日本国憲法には，大日本帝国憲法の地方自治の規定に基づき，地方公共団体の組織および運営に関する事項が明記されている。

2 地方公共団体の事務は，地方分権一括法の成立により法定受託事務が廃止され，自治事務と機関委任事務になった。

3 地方公共団体が定めた条例に基づく住民投票は，住民の意思を行政に反映させる有効な手段であるが，投票結果に法的拘束力はない。

4 住民は，直接請求権をもち，議会の解散請求や首長，議員の解職請求は認められているが，条例の制定，改廃に関する請求は認められていない。

5 議会は，首長の不信任決議権をもつが，首長は，議会の決定に対する拒否権を有するため，議会の解散権は認められていない。

解説

地方自治に関する幅広い観点からの出題である。内容は基本的なもので，地方自治の原則を正しく押さえているかがカギ。

■地方自治の本旨

憲法92条は「地方公共団体の組織及び運営に関する事項は，地方自治の本旨に基いて，法律でこれを定める」とし，地方自治の原則を示している。それは，国から自立した地方公共団体の機関が行う「**団体自治**」と，地方自治は住民の意思によって運営されるという「**住民自治**」からなっている。

1　✕　大日本帝国憲法には地方自治の規定はなかった。日本国憲法は地方自治を制度的に保障するが，「地方公共団体の組織及び運営に関する事項は，地方自治の本旨に基づいて，法律でこれを定める」（92条）としている。

2　✕　地方分権一括法（1999年成立）により，機関委任事務を含む旧来の制度が廃止され，地方公共団体の事務は自治事務と法定受託事務に再編された。

3　◎　正しい。各団体が条例で定める住民投票の投票結果の扱いについては，当該条例の規定次第であり，法的拘束力について法律などによる一律の定めがあるわけではない。

4　✕　住民の直接請求は，議会の解散，首長・議員・主要公務員の解職の請求のほか，条例の制定・改廃や監査についても規定されている。

5　✕　議会で不信任が議決されたとき，首長は10日以内に議会を解散することができる。この解散権を行使しない場合は失職する（地方自治法178条）。また，首長の拒否権についての記述は正しく，首長は議会の条例の制定・改廃や予算の議決について，再議を求めることができる（同176条）。

☞確認しよう ➡法定受託事務　首長と議会　直接請求権　　　　正答 **3**

FOCUS

　地方自治に関する出題は，特に地方初級で多く見られる。よく出題されるのは地方自治の本旨や直接請求権についてであるが，地方公共団体の種類，首長と議会の関係，自主財源といった基礎的問題も要注意。また，地方分権一括法施行による国と地方の関係の変化，住民投票，オンブズマン制度についても確認しておくこと。

要点の まとめ

重要ポイント❶ 地方公共団体の種類と組織

 地方公共団体の制度や運営の基本的事項は地方自治法に定められている。地方公共団体の種類では，特別区がポイント。地方公共団体の組織では，首長―議会―住民の関係が具体的に問われる。

■地方公共団体の種類

普通地方公共団体	①都道府県　②市町村
特別地方公共団体	①特別区（東京23区） ②財産区（市町村の一部の区域にある財産を管理） ③地方公共団体の組合（2つ以上の地方公共団体が共同で事務を行う一部事務組合および広域連合）

＊　地方開発事業団は，特別地方公共団体の一種であったが，2011年の地方自治法改正により廃止された。

■地方公共団体の組織
●住民と首長の関係（カッコ内の数字は地方自治法の条項を示す）

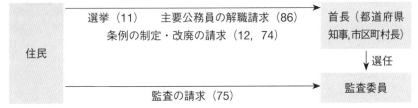

●住民と議会の関係

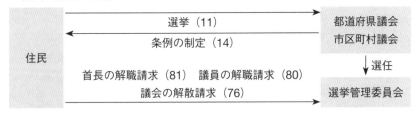

重要ポイント2 **首長と議会**

首長および議員はいずれも住民の直接選挙で選ばれ，首長と議会の関係は協同を原則としている。そのため議会と首長にはどのような権限が認められているのかということが問題の焦点となる。

■首長と議会の関係（カッコ内の数字は地方自治法の条項を示す）

議会（議決機関）	不信任議決権*1（178）	首長（執行機関）
・一院制 ・被選挙権は25歳以上 ・任期4年	予算の調製・提出（211） 拒否権*2（176） 解散権（178）	・被選挙権は知事が30歳以上，市区町村長が25歳以上 ・任期4年

選任

補助機関	行政委員会
副知事，副市町村長，会計管理者など	監査委員，選挙管理委員会，教育委員会など

* 1 首長に対する不信任議決は，議員の3分の2以上が出席し，その4分の3以上の賛成を必要とする。議決されたとき，首長は10日以内に議会を解散しない場合は，辞職しなければならない。一般に不信任「決議」権ともされるが，地方自治法の条文上は不信任の「議決」である。

* 2 首長が拒否権を発動して議会に再議決を求めても，議会が出席議員の3分の2以上の多数で再可決した場合は，議会の決定どおりとなる。

ここにも注意

地方公共団体の行政委員会についても知っておこう。行政委員会は地方行政の民主化，政治的中立を確保するために設置される独立した執行機関であり，監査委員，選挙管理委員会，教育委員会，人事委員会，公安委員会，収用委員会などがある。

重要ポイント ❸ 地方財政

地方公共団体の歳入の主たる構成は，地方税，国庫支出金，地方交付税の3つである。このうち自主財源がどれであるかが問われる。

■自主財源と依存財源

自主財源	地方公共団体が自らの権限で徴収できる財源
依存財源	国（または都道府県）からの交付またはその意思決定による財源

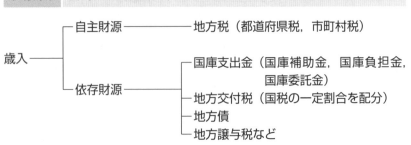

重要ポイント ❹ 地方自治法の改正

地方分権一括法の施行により，国と地方公共団体との関係がどのように変わったのかが問われる。

■地方公共団体の自主性

　地方分権一括法は，地方自治法をはじめ多数の法律を一括して改正したもので，2000年4月に施行された。同法の内容は，国の権限（関与）の縮小，自治体の自己決定権の拡充を基本とし，これに伴い機関委任事務制度が廃止され，自治事務と法定受託事務に区分された。こうした地方分権の推進によって，地方の役割は「地域における行政を自主的かつ総合的に実施する」ものとなり，国との関係は対等・協力の関係へと向かうことになった。

法定受託事務	国（第1号）・都道府県（第2号）が本来果たすべき役割に係るもの　例：国政選挙の実施，パスポートの交付
自治事務	上記以外の事務　例：都市計画の決定，飲食店営業の許可

重要ポイント **5** **直接請求権と住民投票**

直接請求権は最頻出のテーマである。その種類が問われるが，必要署名数も要注意である。

■直接請求権

請求権の種類	請求先	必要署名数
●条例の制定・改廃（イニシアティブ） ・首長が20日以内に議会にかけて結果を公表。	首長	有権者の50分の1以上
●事務の監査 ・監査後，議会，長に報告し，結果を公表。	監査委員	同上
●首長・議員の解職（リコール） ・首長→住民投票に付し，過半数の同意で解職。 ・議員→選挙区の住民投票に付し，過半数の同意で解職。	選挙管理委員	有権者の3分の1以上 ※40万から80万の部分については6分の1,80万を超える部分については8分の1
●主要公務員の解職（副知事，副市区町村長など） ・3分の2以上出席の議会にかけ，その4分の3以上の同意で解職。	首長	同上
●議会の解散（リコール） ・住民投票に付し，過半数の同意があれば解散。	選挙管理委員	同上

■住民投票（レファレンダム）

　地方公共団体における住民の直接参加制度の一つで，①特別法の住民投票，②議会の解散請求成立後の住民投票，③首長・議員の解職請求成立後の住民投票，④住民投票条例に基づく住民投票がある。

① わが国の地方自治制度に関する記述として，妥当なのはどれか。

【東京都・平成21年度】

1 地方自治法では，地方公共団体の条例の制定・改廃の請求権，長の解職請求権，事務の監査請求権などの直接請求権が認められている。

2 地方公共団体の事務は，地方分権一括法の制定によって法定受託事務が廃止されたため，固有の事務として独自に処理できる自治事務と，国や都道府県による関与が必要なものとして法令で定められる機関委任事務の2つになった。

3 地方自治の本旨における団体自治とは，地方公共団体の政治を住民自身，またはその代表者が行うことであり，住民自治とは，地方公共団体を設けて国からの分権を図ることである。

4 憲法は，地方公共団体に法律の範囲を超えて条例を制定することを認めており，条例を国の法律の上に位置づけている。

5 国庫支出金は，地方公共団体間の財政力の格差を是正するため，所得税，法人税などの国税の一定割合を国が配分するもので，使途は指定されない。

② 次の表は，わが国の地方自治における直接請求権を示したものであるが，表中のA〜Cに該当する語または語句の組合せとして，妥当なのはどれか。

【特別区・平成27年度】

請求の種類	必要署名数	請求先
条例の制定の請求	有権者の**A**以上	**B**
議員の解職の請求	有権者の原則3分の1以上	**C**
議会の解散の請求	有権者の原則3分の1以上	**C**
事務の監査の請求	有権者の**A**以上	監査委員

	A	B	C
1	2分の1	地方公共団体の長	選挙管理委員会
2	2分の1	選挙管理委員会	議会の議長
3	50分の1	議会の議長	地方公共団体の長
4	50分の1	地方公共団体の長	選挙管理委員会
5	50分の1	選挙管理委員会	議会の議長

3 わが国の地方自治に関する記述A〜Dのうち，妥当なもののみを挙げているのはどれか。　【国家一般職／税務・平成24年度】

A　日本国憲法に掲げられている地方自治の本旨の内容として，地域社会の政治は住民自身が行うという住民自治，地方公共団体が国から独立した団体として，国からの干渉を受けないで政治を行うという団体自治が挙げられる。

B　地方分権を推進するために1999年に成立した地方分権一括法により，機関委任事務が廃止され，地方公共団体の事務は，地方公共団体が主体的に行う自治事務と，国などが関与する度合いが強い法定受託事務とに分けられることになった。

C　地方自治においては，住民が地方公共団体の監査委員に対し，議会の解散，議員や首長などの解職を請求することができ，また，住民に大きな影響を与える施設の建設など，地方公共団体における一定の重要問題に関しては，住民投票の実施が義務づけられている。

D　公害・環境問題の発生に伴い，住民が自発的に集まり，生活に根ざした目標のために運動する住民運動が活発になった。こうした住民運動の成果として，すべての地方公共団体にオンブズマン（行政監察官）を置くことが義務づけられることとなった。

1 A，B　**2** A，C　**3** B，C　**4** B，D　**5** C，D

わが国の地方自治制度に関する記述として，妥当なのはどれか。
【東京都・平成26年度】

1　地方自治は，民主政治の基礎になるもので「民主主義の学校」といわれるが，日本国憲法の公布前においても，知事は住民の直接選挙によって選ばれていた。

2　地方自治は，団体自治と住民自治の2つの要素からなり，団体自治とは，地方公共団体の運営に住民が参加し，自治を行うことをいう。

3　地方公共団体は，自治立法権を有し，法律の範囲内で条例を制定することができる。

4　長と議会の議員は，ともに住民に直接選ばれ，対等の関係であることから，長には議会の解散権はないが，議会の決定に対する拒否権は認められている。

5　地方公共団体の住民には，議会の解散請求権はないが，長や議員の解職請求権などの直接請求権は認められている。

1 地方自治に関して広範囲の知識が問われている。用語の適否に注意。

1 ◎ 正しい。直接請求権は，記述内容のほかに議会の解散請求権がある。

2 × 地方分権一括法（2000年施行）で機関委任事務が廃止され，地方公共団体の事務は自治事務と法定受託事務の2つに整理された。

3 × 「地方公共団体の政治を住民自身，またはその代表者が行うこと」は住民自治，「地方公共団体を設けて国からの分権を図ること」は団体自治である。

4 × 憲法94条によって地方公共団体は法律の範囲内で条例を制定することが認められている。

5 × 国庫支出金は，国が使途を指定して地方公共団体に交付する。

☞確認しよう ➡国と地方公共団体の関係　　　　　　　　　　　正答 **1**

2 直接請求の手続きに関する基本的な問題。直接請求の種類別に必要署名数や請求先を押さえておこう。

「条例の制定の請求」は，有権者の50分の1以上の署名を必要とし，その請求先は地方公共団体の長である。請求後，長は議会にかけ，その結果を公表する。

「議員の解職の請求」は，有権者の3分の1以上の署名を必要とし，その請求先は選挙管理委員会である。請求後，住民投票で過半数の賛成があれば，その議員は解職する。首長の解職の請求の場合も同じである。

「議会の解散の請求」は，有権者の3分の1以上の署名を必要とし，その請求先は選挙管理委員会である。請求後，住民投票で過半数の同意があれば，議会は解散する。

「事務の監査の請求」は，有権者の50分の1以上の署名を必要とし，その提出先は監査委員である。請求後，監査を実施し，結果を公表する。

以上により，Aは「50分の1」，Bは「地方公共団体の長」，Cは「選挙管理委員会」なので，正答は**4**。

☞確認しよう ➡直接請求の手続き　　　　　　　　　　　　　正答 **4**

参考　有権者が40万人を超える地方自治体の場合，議会の解散，首長・議員や主要公務員の解職請求に必要な署名数は，40万人超80万人以下についてはその6分の1以上，80万人を超える部分についてはその8分の1以上である。

58

③ 地方自治の基本知識について，正確な理解が求められる問題。オンブズマン制度など発展的知識についても触れておきたい。

A ◎ 正しい。地方自治の本旨は，住民自治（民主主義的要素）と団体自治（地方分権的要素）からなるとされている。

B ◎ 正しい。機関委任事務は国の事務を首長等へ委任するものであったが，現在の自治事務と法定受託事務はいずれも地方公共団体の事務であり，国などの関与の度合いにより区分されている。

C ✕ 請求先は議会の解散，議員・首長の解職は選挙管理委員会，監査は監査委員であり，制度により請求先は異なる。また，設問後半の住民投票は条例を根拠に実施され，法令による義務づけはない。

D ✕ 住民からの苦情を中立的な立場から調査し，その改善を首長等に勧告するいわゆるオンブズマン制度は，法令などにより設置が義務づけられているわけではない。

☞確認しよう ➡住民自治と団体自治　法定受託事務　　　**正答 1**

④ 日本国憲法の公布前と後では，地方自治はどう変わったかが本問を解くカギ。また，地方自治における住民の権利をきちんと整理して覚えておく。

1 ✕ 日本国憲法の公布前は，地方自治は中央政府の統制下にあり，内務省の官吏が知事に就任していた。

2 ✕ 団体自治とは，地方公共団体が国から自立して地域の行政を行うことをいう。「地方公共団体の運営に住民が参加し，自治を行うこと」は，住民自治に該当する。

3 ◎ 正しい。地方公共団体は，法律の範囲内であれば国の統制を受けずに条例を制定することができる（憲法94条）。

4 ✕ 議会は首長に対し不信任決議権を持ち，これに対して長は議会の解散権，拒否権を持つ。

5 ✕ 住民は，議会の解散請求権，長や議員の解職請求権を持つ。

☞確認しよう ➡地方公共団体の住民と長，議会の関係　　　**正答 3**

政治思想・現代政治

重要問題

わが国の選挙制度に関する記述として，最も妥当なのはどれか。

【警察官・令和元年度】

1 各政党の得票数に比例して議席を配分する比例代表制は大選挙区制の一種であり，衆議院議員選挙及び参議院議員選挙の比例代表ではドント式による議席の配分が行われている。

2 衆議院の選挙制度は，1993年まで1つの選挙区から3～5人ほどの議員が選出される小選挙区制が採用されていたが，現在では大選挙区制が採用されている。

3 選挙権，被選挙権の資格を性別，身分，財産の多寡などで制限せず，一定の年齢に達した者すべてに与える選挙制度を直接選挙という。

4 現在の参議院の選挙制度では，小選挙区と比例代表を合わせた小選挙区比例代表並立制を導入している。

5 国外に居住する日本人の有権者に選挙権行使の機会を保障するため，現在では国外において衆議院議員選挙及び参議院議員選挙の比例代表に限っての投票が可能である。

解説

わが国の選挙制度に関する基礎的な知識が問われている。選挙権年齢，選挙区制など，正しく覚えているかどうかがカギ。

■国会議員の選挙

衆議院議員選挙…小選挙区選挙と比例代表の並立制。有権者は，小選挙区では候補者名を投票，ブロック単位・拘束名簿式の比例代表では政党名を投票する。小選挙区の立候補者は比例代表候補にもなることができる（重複立候補）。

参議院議員選挙…選挙区選挙と非拘束名簿式比例代表制。有権者は，選挙

区では候補者名を投票，全国1選挙区・非拘束名簿式の比例代表では候補者名もしくは政党名を投票する。

1 ◎ 正しい。比例代表制は，1選挙区の定数が複数であることから大選挙区制に分類される。衆参議両院の比例代表選挙では，議席配分方法にともにドント式が用いられている。

2 ✕ 衆議院で1993年まで採用されていた制度は，大選挙区制の一種である「中選挙区制」である。現在は，「小選挙区比例代表並立制」。

3 ✕ 設問は「普通選挙」の説明。直接選挙とは，有権者が直接に当選者を選出する制度をいう。対して，有権者が選挙人を選出し，この選挙人が当選者を選出する制度を間接選挙という。

4 ✕ 参議院の選挙制度は，原則都道府県単位の選挙区選挙と，全国1選挙区の比例代表選挙の組み合わせである。設問は衆議院の選挙制度。

5 ✕ 国外居住の有権者に国政選挙での選挙権行使の機会を保障する在外選挙制度は，衆参両院の選挙区と比例代表選挙をともに対象とする。在外公館に出向く在外公館投票と郵送等による郵便等投票がある。

 ➡日本の選挙制度　中選挙区制　選挙の原則　　　　　**正答** 1

参考　小選挙区比例代表並立制と非拘束名簿式比例代表制。

小選挙区 比例代表並立制	1996年から衆議院議員選挙でとられている制度。小選挙区で289人を，11の比例区で残りの176人を選出する制度。有権者はおのおの2票を持ち，小選挙区では立候補者名，比例区では政党名を記入する。 比例区では，各党の得票数を1，2，3，……と自然数で割り，その商の大きい順に政党の届けた名簿に従って議席を与えていく（ドント方式）。
非拘束名簿式 比例代表制	2001年度から参議院議員選挙で選挙区選挙と併せてとられている制度。選挙区で148人を，比例代表選挙で100人を選ぶ。衆議院と同様，有権者は2票を持ち選挙区では立候補者名を記入する。比例代表では政党名か立候補者名を記入し，この二つの合計が政党の得票数となる。議席配分はドント方式であり，各党内では個人名得票の多い順に当選となる。特定枠が設けられた場合は特定枠の候補者を優先する。

FOCUS 🔍

政治思想では，ホッブズ，ロック，ルソー，モンテスキューの思想が問われる。現代政治については，日本をはじめ欧米主要国の政党政治，選挙制度に関する出題が多い。

要点の まとめ

 重要ポイント 1 社会契約説と権力分立の思想

政治思想家では，社会契約説のホッブズ，ロック，ルソー，権力分立のモンテスキューが，よく取り上げられる。それぞれの思想背景，著作，理論などについて問われる。

■近代民主政治の成立と政治思想

	社会契約説			権力分立
政治思想家	ホッブズ	ロック	ルソー	モンテスキュー
時代・国	17世紀中期 イギリス	17世紀中期 イギリス	18世紀中期 フランス	18世紀中期 フランス
主　著	『リヴァイアサン』	『市民政府二論』	『社会契約論』	『法の精神』
要　点	絶対王政を擁護 抵抗権を否定	権力分立 間接民主制 抵抗権を肯定 名誉革命を擁護	共和制 直接民主制 フランス革命の 思想的原動力	三権分立 立憲君主制

※ 社会契約説の発展：ホッブズ⇒ロック⇒ルソー

※ 権力分立の考え方の発展：ロック⇒モンテスキュー

■そのほかの政治思想家

・グロティウス〔17世紀オランダ，『戦争と平和の法』，近代自然法の父〕

・マキャヴェリ〔15～16世紀イタリア，『君主論』，マキャヴェリズム〕

・ベンサム〔19世紀初めイギリス，「最大多数の最大幸福」，功利主義の確立者〕

62

重要ポイント **2** **二大政党制と多党制**

政党政治の出題では二大政党制と多党制に関する問題が多い。学習のポイントは，それぞれの長所と短所を比較すること。

	主な採用国	長所	短所
二大政党制	アメリカ（共和党・民主党）イギリス（保守党・労働党）	政権の安定による強力な政治 有権者の選択が容易 責任の所在が明確	多様な意見の反映不可 政策が似ると政権交代の意義が薄く 異なると大転換に
多党制	日本，フランス，ドイツ，イタリアなど	多様な意見を反映 連立政権による政策の弾力性 世論に応じた政権交代	政権が不安定 責任の所在が不明確 政党間の主導権争いの激化

 重要ポイント **3** **選挙制度**

各選挙制度にはそれぞれに一長一短があり，絶対的なものはない。選出方法の違い，死票の多い少ないなどの特徴が問われる。

選挙区制	選出方法	長所	短所
小選挙区制	狭い選挙区から1名の当選者	選挙費用がかからない 政局が安定する（大政党に有利）	死票が多い 買収などが起きやすい 地方的小人物が出やすい
大選挙区制	広い選挙区から複数の当選者	死票が少ない 少数党にも有利 買収などが減少	選挙費用がかさむ 小党分立になりやすい 政局の不安定を招く
比例代表制	得票数によって議席を比例配分	各党に公平（死票が少ない）	小党分立になりやすい 政党中心の選挙になる

※中選挙区制：広義では大選挙区制に含まれる。1選挙区から3～5名の当選者を選ぶ。

1 社会契約説に関する記述として，最も妥当なものはどれか。

【東京消防庁・平成28年度】

1 初めから社会があり，支配者あるいは国家によって与えられる権利のことを，自然権という。

2 『社会契約論』を著し，人民によって形成される一般意志に基づく直接民主制を主張したのはホッブズである。

3 『統治二論』を著し，人民には抵抗権があるとし，議会が最高権限を持つことを主張し，議会制政治を擁護したのはロックである。

4 『リヴァイアサン』を著し，自然状態は「万人の万人に対する闘争」の状態に置かれるので，自然権を国家に譲渡すべきと主張したのはルソーである。

5 『法の精神』を著し，国家権力を立法権と執行権の2つに分ける権力分立を唱えたのはモンテスキューである。

2 近代憲法の核心である「法の支配」と「法治主義」のそれぞれについて，いずれの国で発展したかを［A群］から，その内容を［B群］から選んだ組合せとして，正しいものはどれか。　【地方初級・平成10年度】

［A群］
ア　イギリス
イ　ドイツ
ウ　フランス

［B群］
エ　法は国民の天賦の人権を守るために議会により制定されるものであって，国民はそれ以外のものには拘束されない。
オ　たとえ憲法であっても，議会において制定された法律である以上，国民はその法律を守らなければならない。
カ　国家権力を立法権，行政権，司法権に分け，相互に均衡し抑制させるのが原則であるが，三権は同格ではなく，立法権が中心的位置にある。

	法の支配		法治主義	
	A群	B群	A群	B群
1	ア	エ	イ	オ
2	ア	オ	ウ	エ
3	イ	カ	ア	オ
4	イ	エ	ウ	カ
5	ウ	オ	イ	エ

3 国家観に関する記述として，最も妥当なのはどれか。

【東京消防庁・平成22年度】

1 夜警国家という名称は，国家の機能を国防や治安維持等の最小限の機能にとどめようとする国家観を批判して，アダム・スミスが名づけたものである。

2 夜警国家のもと，官僚制が成立し，行政機構の役割が大きなものとなった。このため，夜警国家は行政国家とも呼ばれている。

3 夜警国家の進展に伴い，国防に要する費用が国民経済を圧迫することとなったことから，「小さな政府」を求める声が高まった。

4 福祉国家の指標の一つとして委任立法が増加したことが挙げられる。このため，福祉国家は立法国家とも呼ばれている。

5 行政国家の進展に伴って生じる弊害に対処するべく，国民の的確な理解と批判のもとにある公正で民主的な行政の推進を目的として，わが国でも情報公開法が制定されている。

4 二大政党制に関する次の記述中のA～Cの各a，bから正しいものを選んだ組合せとして妥当なのはどれか。

【地方初級・平成27年度】

二大政党制とは，2つの大政党が競合し，交代で政権を担うような政党のあり方を意味している。二大政党制が根づいている代表国は**A**（**a** イギリスとアメリカ **b** フランスとドイツ）であり，これらの国はいずれも**B**（**a** 小選挙区制　**b** 比例代表制）を採用している。二大政党制は，多党制に比べて，国民の意見を**C**（**a** 反映させやすい　**b** 反映させにくい）といわれている。

	A	B	C
1	a	a	a
2	a	a	b
3	a	b	b
4	b	a	a
5	b	b	b

5 民主政治の基本原理に関する記述として，最も妥当なのはどれか。

【警察官・平成30年度】

1 国民が代表者を選出し，代表者で構成される議会を通じて政治を行う制度を間接民主制という。

2 国民が主権者として自分たちで政治を行う民主主義が要請される現代では，多くの先進国が直接民主制を採用している。

3 わが国は，国民が直接政治を行う直接民主制の国といえるが，憲法改正の手続きなど間接民主制も取り入れている。

4 民主政治を実現するには，国民に参政権が保障されていなければならないが，先進国において普通選挙が行われるようになったのは第二次世界大戦後のことである。

5 民主政治の基本原理ともいえる三権分立は，イギリスの思想家ホッブズがその著書である「法の精神」で主張した考えである。

6 政治資金の規正に関する記述として，最も妥当なのはどれか。

【警視庁・平成25年度】

1 企業・団体からの政党・政治資金団体への寄付は，一切禁止されている。

2 企業・団体からの政治家個人への寄付は，限度額（年間合計）の範囲内で認められている。

3 企業・団体からの政党・政治資金団体以外の，その他の政治団体への寄付は，限度額（年間合計）の範囲内で認められている。

4 個人からの政党・政治資金団体への寄付は，限度額（年間合計）の範囲内で認められている。

5 個人からの政治家個人への寄付は，一切禁止されている。

7 わが国の選挙制度に関する記述として，妥当なのはどれか。

【東京都・平成25年度】

1 わが国の選挙制度においては，普通選挙・平等選挙・間接選挙・公開投票が選挙の原則となっている。

2 国会議員の選挙においては，選挙権および被選挙権を有するのは，いずれも20歳以上の者とされている。

3 衆議院議員の選挙には，比例代表制は導入されておらず，衆議院議員はすべて小選挙区から選出されている。

4 参議院議員の選挙は，全国を単位とする非拘束名簿式比例代表制と，都道府県を単位とする選挙区制で行われている。

5 選挙運動については，戸別訪問に関する制限はないが，文章図画の配布に関する厳しい制限がある。

8 比例代表制に関する記述として，妥当なものの組合せはどれか。

【地方初級・平成22年度】

ア 民意を議会に正確に反映させる制度で，死票が出にくい。

イ 小党が乱立し，政局が不安定になりがちである。

ウ わが国の衆議院議員選挙でかつて採用されていたが，現在は採用されていない。

エ ゲリマンダーの危険性が最も高いうえ，不正選挙が発生しやすい。

1 ア，イ
2 ア，ウ
3 イ，ウ
4 イ，エ
5 ウ，エ

実戦問題●**解説**

政治

① 社会契約説はホッブズ，ロック，ルソーで展開される。ロックの主張の特徴は，人民は政府に抵抗する権利を持つとしたことである。

1 ✕ 自然権とは，人間が本来持っている自由で平等な暮らしをする権利をいう。

2 ✕ 『社会契約論』は，**ルソー**の著書である。ルソーは，人民主権による直接民主制を重視し，法を人民の一般意志の表明と位置づけた。

3 ◎ 正しい。アメリカ独立宣言やフランス人権宣言に影響を与えた。

4 ✕ 『リヴァイアサン』は**ホッブズ**の著書。その中で，自然状態では「万人の万人に対する闘争」を生むとして，契約により国家に自然権を委譲することが必要であると説いた。その結果，国王の支配権を認めるものとなった。

5 ✕ 『法の精神』は**モンテスキュー**の著書。立法権・執行権・裁判権の三権に分類し，それぞれの権力の均衡と抑制を図ることができると主張した。

確認しよう ➡社会契約説の代表的な思想家とその主張　　　**正答 3**

② 「法の支配」と「法治主義」の違いを問う問題である。「法の支配」はイギリス，「法治主義」はドイツで発展したことを知っているだけでも解ける。

「法の支配」とは，権力者が恣意的に権力を行使する「人の支配」を排除し，議会が民主的に定めた法によってのみ政治権力を行使できるとする原理である。一方，「法治主義」とは，国民の代表機関である議会において立法を行い，権力の行使はすべて法に基づかなければならないとする考え方で，法の内容や形式は問われないことに注意。

B群のうち，**エ**が「法の支配」，**オ**が「法治主義」に該当する。

よって，**1**が正答である。

確認しよう ➡「法の支配」と「法治主義」の相違点　　　**正答 1**

参考 「法の支配」は，13世紀イギリスの法律家ブラクトンの「王といえども神と法の下にある」という言葉に由来する。19世紀末，憲法学者ダイシーが民主政治の基本原理として理論化した。

③ 19世紀から20世紀にかけて国家観はどのように変わったか，夜警国家や福祉国家などの用語を正しく覚えておくこと。

1✕ 夜警国家は，ドイツの社会主義者ラッサールが国防や治安維持等の最小限の働きしかしない国家を批判するために用いた言葉である。市民革命を経て成立した近代国家だが，19世紀は国家の働きを必要最小限にするのがよいとされた。このような国家観を夜警国家，消極国家，小さな政府という。20世紀になると，国家は国民生活に積極的にかかわるべきだとする考え方に転換された。これが福祉国家，積極国家の国家観である。

2✕ 行政国家とは，行政機構の役割が増大した国家のことをいう。

3✕ 政府・行政の規範や権限を可能な限り小さくしようとする国家観であり，夜警国家もそれに該当する。

4✕ 福祉国家は，立法国家ではなく，行政国家と呼ばれている。

5◎ 正しい。情報公開法は2001年4月に施行された。

☞確認しよう ➡国家観の変遷（夜警国家，福祉国家） 　　正答 **5**

④ 二大政党制と多党制と比較し，それぞれの代表国や長所と短所の知識がポイント。

A 二大政党制の代表国は，aの「イギリス（保守党と労働党）とアメリカ（共和党と民主党）」である。bの「フランスとドイツ」は，多党制に分類される。

B aの「小選挙区制」が正しい。

C bの「反映させにくい」が正しい。二大政党制は比較的政権が安定し，政治の責任の所在が明らかになるという長所があるものの，国民の多様な意見が反映されにくくなる。これとは逆に，多党制は国民のさまざまな意見を反映させやすいが，政治が不安定になりやすい。

したがって，a・a・bの組合せとなるので，**2**が正答である。

☞確認しよう ➡二大政党制と多党制の長所と短所 　　正答 **2**

⑤ 直接民主制と間接民主制の基礎的な知識を押さえるとともに，普通選挙制実現の歴史について整理しておくこと。

1 ◎ 正しい。選挙で選ばれた国民の代表者を通じて政治を行う制度を間接民主制あるいは代表民主制・代議制といい，すべての国民が直接政治に参加する制度を直接民主制という。

2 ✕ 現代の国家は大きな人口と領土を抱え直接民主制の実施は困難なため，一般に間接民主制が採用されている。もっとも，国民投票など直接民主制的な制度を導入し，間接民主制の不備を補うことが普通である。

3 ✕ 日本は，選挙により選出した代表者を通じて政治を行う間接民主制の国といえる。憲法改正の際の国民投票など，直接民主制的な制度も取り入れられている。

4 ✕ イギリスのチャーティスト運動などの結果，先進国では19世紀半ばから男子普通選挙が実現し始めた（日本は1926年）。19世紀末には男女平等普通選挙も実施され始めたが，これが広く普及したのは第二次世界大戦後である（日本は1945年）。

5 ✕ イギリスのホッブズは著書『リヴァイアサン』で国王の絶対主権を擁護した。三権分立を著書『法の精神』で主張したのは，フランスのモンテスキューである。

☞確認しよう ➡直接民主制・間接民主制　男子・男女平等普通選挙　　**正答 1**

6 政党・政治資金団体および政治家個人への寄付の制限についての知識が必要
である。企業・団体や個人からの政党・政治資金団体および政治家個人への
寄付の範囲を押さえておく。

1 ✕ 企業・団体からの政党・政治資金団体への寄付は，認められている。
ただし，年間合計750万円〜1億円まで（資本金の額，組合員数等に
より異なる）と総額の制限がある。

2 ✕ 企業・団体からの政治家個人への寄付は，一切禁止されている。

3 ✕ 企業・団体からの政党・政治資金団体以外の，その他の政治団体への
寄付は一切禁止されている。

4 ◎ 正しい。個人から政党・政治資金団体へは，年間合計2,000万円まで
認められている。その他の政治団体へは1,000万円まで。

5 ✕ 個人からの同一の政治家個人への寄付は，年間150万円までは認めら
れている。

☞確認しよう ➡政治資金規正法   **正答** 4

⑦ 日本の選挙制度の基本的な知識が問われている。選挙制度の4原則や選挙区制の名称などを正しく理解しておくこと。

1 ✕ 普通選挙・平等選挙は正しい。間接選挙ではなく，有権者が直接代表者を選ぶ「**直接選挙**」の方法をとっており，公開投票ではなく，誰に投票したかをわからないように行う「**秘密選挙**」が原則となっている。

2 ✕ 国会議員の選挙は，選挙権年齢は2016年の参議院議員選挙から満18歳以上に引き下げられた。被選挙権は，衆議院議員が満25歳以上，参議院議員が満30歳以上となっている。

3 ✕ 衆議院の選挙は，小選挙区制と比例代表制を組み合わせた**小選挙区比例代表並立制**となっている。

4 ◎ 正しい。参議院議員選挙は，**非拘束名簿式比例代表制**を採用する。

5 ✕ 公正な選挙が行われるように，立候補者の戸別訪問は禁止されている。また，文書やポスターなどの配布についても枚数が制限されている。

📌**確認しよう** ➡選挙権年齢の引下げ，衆参の選挙区制の違い　**正答 4**

⑧ 比例代表制の長所と短所が問われている。ゲリマンダーのような用語もきちんと理解しておくこと。

ア 正しい。死票が出にくいのは，比例代表制の長所である。

イ 正しい。比例代表制は小党を乱立させ，政局が不安定になりやすいのが短所である。

ウ 誤り。わが国において比例代表制は，衆議院議員選挙・参議院議員選挙にそれぞれ導入されている。

エ 誤り。**ゲリマンダー**の危険性が最も高く，不正選挙が発生しやすいのは小選挙区制である。

したがって，**ア**と**イ**の組合せの**1**が正答である。

📌**確認しよう** ➡比例代表制の長所と短所　**正答 1**

参考 ゲリマンダー
特定の人物や政党に有利なように選挙区をつくることを，ゲリマンダーという。

テーマ6 各国の政治制度

重要度

重要問題

各国の政治制度に関する記述として，最も妥当なのはどれか。

【東京消防庁・令和2年度】

1 イギリス議会は上院と下院からなり，法律の制定については両院対等の原則が確立されている。

2 イギリスでは下院の多数党の党首が首相となって内閣を組織し，副党首が影の首相となって影の内閣を組織している。

3 アメリカの大統領は議会に出席して答弁する義務を課されており，議会によって不信任されることもある。

4 アメリカの大統領は議会が可決した法案に対して拒否権を行使できるが，拒否権が行使されても議会が再可決すれば法律は成立する。

5 中国では全国人民代表大会が最高機関とされており，そのもとに最高行政機関である国家主席や司法機関である最高人民法院が置かれている。

解説

イギリス，アメリカ，中国の政治制度について標準レベルの知識が問われている。アメリカ大統領制についての正確な理解がカギである。

■イギリス，アメリカ，中国の政治制度

● イギリスは下院優位の議院内閣制である。また，最大野党が影の内閣を組織する。

● アメリカは厳格な三権分立のもと，連邦議会は立法権を独占するが，大統領の不信任を議決できない。大統領は法案拒否権をもつ。

● 中国は共産党指導の民主集中制をとり，最高権力機関と位置づけられる全国人民代表大会（全人代）において共産党総書記が国家主席に選出される。

74

1 ✕　イギリスでは，下院（議員を国民の選挙で選出）の上院（貴族を任命）に対する優越が確立している。法律等の審議において上院はほとんど実権を持たない。

2 ✕　イギリスでは下院多数党の党首（下院議員）が国王により首相に任命される。最大野党には「国王陛下の野党」の地位が与えられ，公的役割として影の内閣を組織する。

3 ✕　厳格な三権分立主義をとるアメリカでは大統領は法案提出権をもたず連邦議会での答弁も行わない。連邦議会は大統領の弾劾を行う権限をもつが，不信任の議決は行えない。

4 ◎　正しい。アメリカの大統領は議会可決の法案に対する拒否権をもつが，議会が3分の2以上の多数で再可決した場合は拒否できず法律となる。

5 ✕　中国では共産党指導の民主集中制のもと，共産党総書記が国家元首である国家主席と中央軍事委員会主席を兼務する。国家主席は，最高人民法院院長や行政を担う国務院総理などと同じく，全人代で選出される形式をとる。

🖝**確認しよう** ➡イギリスの議院内閣制，アメリカの大統領制，中国の民主集中制　**正答　4**

FOCUS

　主要国の政治制度について，議院内閣制と大統領制の違いを中心に，その特色を確実に押さえておくこと。アメリカの大統領制はよく出題される。任期や選出方法，国家元首および行政府の長としての権限，三大教書などについても知っておきたい。

要点の **まとめ**

重要ポイント ① 大統領制と議院内閣制

議院内閣制は立法権（議会）と行政権（内閣）の連動を重視するが，大統領制はその分離を特徴とする。アメリカの大統領制と日本の議院内閣制の対比で出題される場合が多い。

■大統領制（アメリカ）と議院内閣制（日本）の比較

	大統領制（アメリカ）	議院内閣制（日本）
選出方法	大統領は各州選挙人による間接選挙で選出	首相は国会議員の中から国会の議決で指名
議会との関係	大統領は連邦議会に責任を負わず，連邦議会は不信任決議ができない	内閣が国会に責任を負い，衆議院は内閣不信任決議ができる
任期	大統領は4年（2期まで）	首相はなし
優越	上院が優越（ただし，下院に予算先議権があり，優越は絶対的ではない）	下院（衆議院）が優越
議会解散	大統領は議会を解散できない	内閣は衆議院を解散できる
法案・予算の提出	大統領は法案と予算の提出権がない（教書により議会に提案）大統領は議会の立法に対し1回の拒否権を発動できる	首相は予算案の提出権を持つ

政治

世界主要国の政治制度に関する問題はよく出題される。アメリカは大統領の選出方法と権限，イギリスは下院の優位，フランス・ロシアは大統領と首相の職務の違い，中国は民主集中制について問われる。最近の政治動向にも注意。

■アメリカ（大統領制）

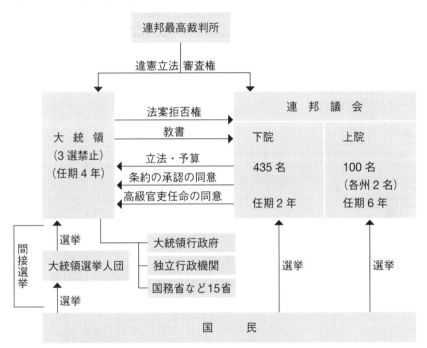

① 大統領は国の元首，軍の最高司令官，行政府の長である。
② 大統領が死亡した場合は，副大統領が後継者となる。
（議院内閣制の場合，内閣総理大臣が死亡したときには，内閣は総辞職しなければならない）
③ 連邦議会は弾劾裁判によって大統領を罷免することができる。
④ 連邦議会の議席は上院は各州2名ずつ，下院は各州の人口に比例した割り当て。
⑤ 連邦最高裁判所は，議会・行政に対する違憲立法審査権をもつ。判事は大統領による任命で任期は終身。

■イギリス（議院内閣制）

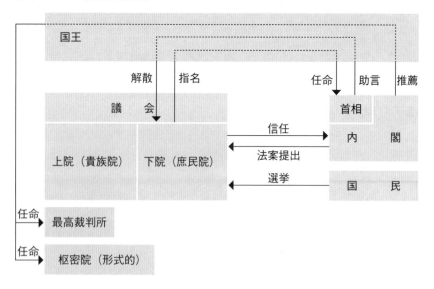

■フランス（大統領制と議院内閣制の中間形態）

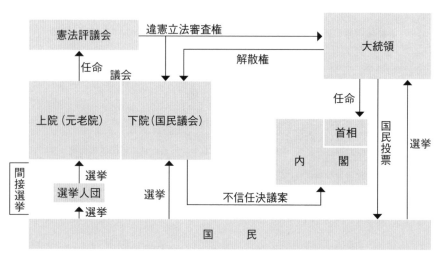

■中国（民主集中制）

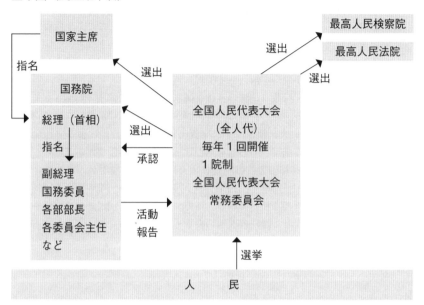

■ロシア連邦（大統領制）

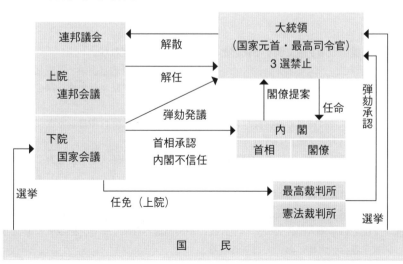

1 次のA, B, Cは, 各国の政治体制に関する記述であるが, 該当する国の組合せとして最も妥当なのはどれか。 【国家Ⅲ種・平成23年度】

A この国は, 議会は上院（貴族院）と下院（庶民院）からなり, 下院優位の原則が確立されている。一般に, 下院の多数党の党首が首相となり, 内閣を組織する。内閣は連帯して議会に責任を負い, 議会が内閣の不信任決議をした場合には, 総辞職するか議会を解散して国民に信を問う。

B この国は, 立法・行政・司法の三権を厳密に分離して抑制・均衡させる政治制度を採用している。その特徴は, 行政府が議会の信任に依存しないで自立する大統領制にある。大統領には, 法案提出権はないが教書による立法勧告権と, 議会の可決した法案への署名を拒むことのできる拒否権がある。

C この国は, 第五共和国憲法の制定により, 大統領の権限が大きく強化された。大統領は, 首相任命権や国民議会（下院）の解散権, 重要問題を国民投票に直接かける権限などを持っている。一方で, 内閣は, 国民議会の信任を受けなければならないなど, 議院内閣制の要素も有している。

	A	B	C
1	英国	ロシア	ドイツ
2	英国	米国	ドイツ
3	英国	米国	フランス
4	ドイツ	ロシア	フランス
5	ドイツ	米国	フランス

2 各国の政治制度に関する記述として, 妥当なのはどれか。

【地方初級・平成22年度】

1 アメリカ大統領は国民の直接投票によって選出され, 法案提出権, 議会解散権を持ち, 連邦議会の議決を拒否することができる。

2 イギリスでは国民の直接投票によって首相が選出され, 首相はシャドーキャビネットと協力して政治を行う。

3 ロシアは共産党による一党独裁政権であり, 大統領が強大な権限を有し, 国民の直接投票で選出される首相と協力して政治を行う。

4 韓国は日本同様, 議院内閣制を採用しているが, 国家元首である大統領は国民の直接選挙で選出される。

5 中国では全国人民代表大会（全人代）が最高権力機関であり, 国家元首である国家主席は全人代において選挙される。

③ **各国の政治体制に関する記述として最も妥当なのはどれか。**
【国家一般職／税務／社会人・平成29年度】

1 議院内閣制は，ドイツで発展した制度であり，わが国や英国で採用されている。これらの国では，首相は直接選挙によって選ばれる。

2 わが国の内閣総理大臣は，日本国憲法下では，他の国務大臣と対等の存在とされ，同輩中の首席という地位に置かれている。

3 大統領制を採用する米国の議会は，上院と下院から構成される。大統領は議会を解散する権限を持つが，議会は大統領に対する弾劾を行うことができない。

4 中国では，立法府である全国人民代表大会（全人代）が国家の最高機関とされている。また，国家主席が元首である。

5 フランスは，大統領と首相が併存する半大統領制をとる。議会が選出するフランスの大統領は，ロシアの大統領と異なり，政治的な実権を持っていない。

④ **アメリカ合衆国の統治機構に関する記述として，最も妥当なのはどれか。**
【国家Ⅲ種・中途採用者・平成21年度】

1 連邦議会は，各州の人口に比例して議席が割り当てられる上院と，各州から2名ずつ選出される議員で構成される下院の二院からなる。

2 憲法に相当する成文法がなく，多数の法律や慣例が憲法の役割を果たしており，大統領制についての明文の規定も存在しない。

3 英国から独立して連邦制国家となった歴史的経緯から，現在でも英国の国王を国家元首としている。

4 大統領選挙では，有権者は，直接大統領を選挙するのではなく，大統領選挙人を選挙し，この選挙人が大統領を選挙するという間接選挙の仕組みをとっている。

5 連邦裁判所の判事は大統領から任命されるため，司法権の独立性は低く，連邦裁判所は法令や行政処分の内容が憲法に違反していないかどうかを審査する権限を有していない。

5 イギリスの政治機構についての記述として，最も妥当なのはどれか。

【警視庁・平成27年度】

1 議会は，貴族や聖職者からなる上院と，国民による直接選挙によって選出される任期5年の下院から構成され，上院が優越する。

2 野党は「影の内閣」を組織し，議会での論戦を通して次の選挙での政権奪還の準備をする。

3 裁判所は，違憲法令審査権を持つ。

4 議会は内閣に対し，不信任決議を行うことができず，内閣は，議会を解散することができない。

5 大選挙区制を採用しており，国民は二大政党の間で選択を行うことによって政治に影響を与えてきた。

実戦問題●解説

1 議院内閣制，大統領制といっても，国によって異なる。イギリスとドイツ，アメリカとロシア，フランスとドイツの違いがカギ。

A 貴族院と庶民院からなる二院制であることから，英国と判断できる。また，議院内閣制をとっている点もヒントになる。ドイツも議院内閣制をとるが，内閣不信任決議や議会の解散は制度上極めて例外的である。

B 「立法・行政・司法の三権を厳密に分離」した「行政府が議会の信任に依存しないで自立する**大統領制**」の国である点から，米国と判断できる。ロシアも大統領制であるが，首相もいるので厳格な大統領制とはいえない。

C 「**第五共和国憲法**の制定により，大統領の権限が大きく強化された」国で，「議院内閣制の要素も有している」ということから，フランスであることがわかる。ドイツの大統領は国家元首ではあるが，権限は形式的・儀礼的なものにとどまる。

したがって，**3**の組合せが正答である。

☞確認しよう ➡主要国の政治体制（議院内閣制，大統領制）　**正答 3**

2 主要な国の大統領や首相の選出法とそれぞれの権限を知っておくこと。

1 × アメリカ大統領は，国民が**大統領選挙人**を選び，その選挙人が大統領を選ぶという間接選挙である。大統領は法案提出権や議会の解散権を持たないが，議会が可決した法案に対する拒否権を持つ。

2 × イギリスは，議会（下院）が首相を選出する。**シャドーキャビネット**とは，二大政党の発達した政治体制において野党が政権交代に備えて組織した「影の内閣」のことで，首相とは対立する。

3 × ロシアは，1991年のソ連崩壊まで共産党による一党独裁政権であったが，現在は違う。大統領は国民による直接投票で選出され，首相は大統領が任命し下院の承認を得て就任する。

4 × 韓国は基本的に大統領制であるが，議院内閣制の要素もとり入れている。「大統領は国民の直接選挙で選出される」は正しい。

5 ◎ 正しい。

☞確認しよう ➡各国の大統領や首相の選出法と権限　**正答 5**

③ わが国を含め各国の議院内閣制と大統領制の特徴を整理する。ドイツや中国の政治制度の基礎も押さえる。

1 ✕ 議院内閣制はイギリスで発展し，わが国やドイツでも採用されている。いずれも立法府の議員の中から首相が選出され内閣を組織する。

2 ✕ 旧憲法下で同輩中の首席でしかなかった内閣総理大臣は，現憲法下では内閣の首長と位置づけられ，国務大臣の任命・罷免権をもつ。

3 ✕ アメリカ大統領は連邦議会の上下両院のいずれも解散できない。また，連邦議会は大統領を含むすべての公務員を弾劾により罷免することができる。

4 ◎ 正しい。中国では立法府（一院制）である全国人民代表大会が国家の最高権力機関とされている。また国家主席は儀礼的象徴的な国家元首であり，国務院総理が行政を担当する。

5 ✕ フランスの大統領は国民の直接選挙で選出され政治的な実権ももつ。この点でロシアの大統領と類似する。また，議院内閣制の要素も併せもち，半大統領制と呼ばれる。

☞ **確認しよう** 日本・主要国の大統領制・議院内閣制   **正答** **4**

④ アメリカ合衆国の大統領の選出法と権限は頻出事項。ここでは，議会の構成や大統領・裁判所との関係も問われている。

1 ✕ 上院と下院の議員選出法の説明が逆になっている。

2 ✕ アメリカの憲法は**成文法**で，大統領制に関しても規定している。

3 ✕ アメリカの国家元首は，大統領である。

4 ◎ 正しい。

5 ✕ 司法権の独立性は高く，連邦裁判所は大統領に対して違憲行政審査権を持ち，連邦議会に対しては違憲立法審査権を持つ。

☞ **確認しよう** ➡アメリカの大統領・連邦議会・裁判所の関係   **正答** **4**

5 イギリスは上院・下院の議院内閣制の国である。日本と似ているところもあるが，違いも多い。

1✕ 上院と下院の説明は正しいが，下院が上院に優越する。

2◎ 正しい。

3✕ 裁判所は違憲法令審査権を持たない。イギリスには成文憲法がなく，歴史的文書や多数の慣習法，判例法を合わせて憲法としている。

4✕ 議会は内閣に**不信任決議**を行うことができる。内閣は議会から不信任された場合，総辞職するか，議会を解散する。

5✕ 下院（庶民院）の選挙は，単純小選挙区制を採用している。

👉確認しよう ➡イギリスの議院内閣制（下院の優越，裁判制度） **正答 2**

国際連合と国際社会

重要度

重要問題

国際連合（国連）や条約に関する記述として最も妥当なのはどれか。

【国家一般職／税務／社会人・平成30年度】

1　国連児童基金（UNICEF）は，経済社会理事会の決議により設立された専門機関であり，難民の地位に関する条約に基づく難民の保護活動などを行っている。

2　国連は，国際協力による人権の尊重を目的の一つとしており，達成すべき共通の基準として世界人権宣言を採択し，さらに，法的拘束力を持たせた国際人権規約を採択した。

3　国連環境開発会議（地球サミット）では，「かけがえのない地球」を基本理念とした京都議定書が採択され，発展途上国も含む世界各国に温室効果ガスの排出削減義務が課せられた。

4　核実験を全面的に禁止する包括的核実験禁止条約（CTBT）が安全保障理事会で採択され，1990年代に発効されたため，1960年代に調印された核拡散防止条約（NPT）は失効した。

5　国際刑事裁判所（ICC）は，国家が犯した戦争犯罪や人道に対する犯罪を裁き，当事国が判決を履行しない場合，国際平和と安全の維持・回復のための強制措置を決定する。

解説

　国際連合の機構や活動について基本的事項を整理し，また，代表的な条約についてポイントを押さえておくこと。

■国連（United Nations）成立の過程

1942年　第二次世界大戦で，米，英，旧ソを中心に26か国が連合国宣言に署名。United Nations（連合国）という名称が誕生。

1943年　米，英，ソに中国を加え，戦後の国際平和と安全の維持のための国際的機構設立について話し合う（モスクワ宣言）。

1944年　米，英，ソ，中が，ワシントンのダンバートン・オークスで具体案を審議（ダンバートン・オークスの提案）。

1945年　2月，米，英，ソがクリミア半島のヤルタで，安全保障理事会の投票手続きや加盟資格の意見交換。6月，サンフランシスコで連合国全体の国際会議を経て，国連憲章採択，署名（国際連合の成立）。

1 ✕ 難民の保護活動などを行っているのは，総会による設置機関である国連難民高等弁務官事務所（UNHCR）である。国連児童基金も総会による設置機関であり，子どもの権利保護などの活動を行う。

2 ◎ 正しい。人権の保障を目的に，1948年の国連総会で各国が達成すべき共通の基準として世界人権宣言が採択され，1966年の国連総会で法的拘束力をもつ国際人権規約が採択された。

3 ✕ 国連環境開発会議は1992年にブラジルのリオデジャネイロで環境保全を目的として開催された。このとき締結された気候変動枠組み条約の第3回締約国会議（1997年日本の京都で開催）では，先進国の温室効果ガス排出目標を定めた京都議定書が採択された。「かけがえのない地球」は国際人間環境会議（1972年スウェーデンのストックホルムで開催）のスローガンである。

4 ✕ 核拡散防止条約（1963年国連総会で採択。1970年発効）は現在まで失効していない。包括的核実験禁止条約（1996年国連総会で採択）は，発効要件国が批准しておらず未発効である。

5 ✕ 国際刑事裁判所（2003年設置）は，戦争犯罪など個人の国際犯罪を裁く国際裁判所である。国際条約に基づくもので国連の機関ではない。

☞確認しよう 国連の主要機関　おもな国際条約　　　　　正答 **2**

FOCUS

　国際連合に関する問題はよく出題されるので，しっかり学習しておくことが必要である。特に総会，安全保障理事会，経済社会理事会，国際司法裁判所などの主要機関については要チェック。国際関係の問題では，国連を中心にまとめると効率よく学習できる。EUやASEANなどの地域統合の動向については加盟国の変遷をチェックしておこう。

重要ポイント ❶ 国際連合の機構

国際連合の機構に関する問題では，総会と理事会の表決方法の違い，安全保障理事会の常任理事国数などが問われる。

─── 国連平和維持活動（PKO）

②安全保障理事会 ───

●補助機関
・国連軍事参謀委員会
・国連軍縮委員会
・国連軍縮会議

信託統治理事会 ───

国際司法裁判所*¹ ───

①総会

国際原子力機関（IAEA）───

事務局*²

●総会の主な委員会
・第1委員会（政治・安全保障）から第6委員会（法律）までの委員会
・特別政治委員会

●主な補助機関
・国連大学（UNU）
・国連児童基金（UNICEF）
・国連難民高等弁務官事務所（UNHCR）

③経済社会理事会

●主な専門機関
・国際通貨基金（IMF）
・国際復興開発銀行（IBRD，世界銀行）
・国際労働機関（ILO）
・世界保健機関（WHO）
・国連教育科学文化機関（UNESCO）
●常設委員会
●機能委員会
●地域経済委員会
・アジア太平洋経済社会委員会（ESCAP）
・西アジア経済社会委員会（ESCWA）
・アフリカ経済委員会（ECA）
・欧州経済委員会（ECE）
・ラテンアメリカ・カリブ経済委員会（ECLAC）

＊1　国際司法裁判所：本部はオランダのハーグ。国籍の異なる15名の裁判官で構成。

＊2　事務局：1名の事務総長と国際公務員で構成。

■主要機関の表決

①総会：1国1票。一般事項の表決は多数決制，重要事項（平和と安全保障
に関する勧告，新加盟国の承認，予算）は3分の2以上の賛成が必要。

②安全保障理事会：5常任理事国（アメリカ，イギリス，フランス，ロシア，
中国）と10非常任理事国の計15か国で構成。実質事項は，5常任理事国
すべてを含む9理事国以上の賛成が必要。常任理事国は拒否権を持つ。

③経済社会理事会：54か国で構成。多数決制。

■国際連合と軍事活動

国際連合軍：国際連合は平和を破壊したり侵略行為をしたりする国に対し，
安全保障理事会の決議により軍事的措置をとることができる。そのため，
あらかじめ特別協定を結んだうえ，加盟国から提供される兵力で，安全保
障理事会の指揮下に置かれる国際連合軍（国連軍）を編制することになっ
ているが，これまでにその例はない。朝鮮戦争の際の国連軍は，安保理の
勧告によるもの。指揮権はアメリカ軍の司令官にあった。

国際連合平和維持活動（PKO）：国際平和および安全維持のために，国連統
括下で行われる軍事活動。日本は1992年のカンボジア派遣をはじめ，ゴ
ラン高原，東ティモール，ハイチ，南スーダンなどに要員を派遣。

多国籍軍：1991年の湾岸戦争の際，アメリカ軍を中心に組織されたのが最
初。安全保障理事会の決議に基づいて派遣される。日本は，2003年7月
に「イラクにおける人道復興支援活動及び安全確保支援活動の実施に関す
る特別措置法」が成立し，自衛隊が多国籍軍に参加している。

重要ポイント **2** **国際法**

国際法の歴史，その位置づけなどが問われる。文書で締結された
条約のほか，公海自由の原則や外交官特権などの慣習法がある。

■国際法とは

主として国家間の関係を規律する法。オランダの自然法学者グロティウス
（1583～1645年）は「国際法の父」と呼ばれる。1648年，三十年戦争の終
結のためにウェストファリア条約が締結された後，ヨーロッパに登場した。

国際法は，条約および国際慣習法からなる。条約は国家間または国際機関
と国家との間において文書の形式で締結されるもの。国際慣習法は多数の国

家間で法的拘束力のあるものとして暗黙のうちに認められているもの。いずれも締約国間の承認・合意に基づき，拘束力を持つ。ただし，拘束されることを合意している当事国以外の国が，違反を犯しても，国内法と違って司法強制力がなく，国連の国際司法裁判所も強制力を持たない。

重要ポイント ③ 重要な国際会議

 日本が参加している主要国際会議の主旨と参加国が問われる。特に日本で開催された年は注意しよう。

主要国首脳会議 （サミット）	日本，アメリカ，イギリス，ドイツ，フランス，イタリア，カナダ，ロシアの8か国とEUによる国際政治・経済の運営に関する首脳会議。1975年にスタート。G8ともいう。2014年にロシアを除き，G7となった。
G20 （金融サミット）	主要7か国（G7）とロシア，中国，インド，ブラジル，南アフリカ，韓国，オーストラリア，インドネシア，サウジアラビア，トルコ，メキシコ，アルゼンチン，欧州連合（EU）の20か国・地域の首脳による，金融・世界経済に関する国際会議。同じく20か国・地域の財務大臣・中央銀行総裁会議が別途行われている。
APEC （アジア太平洋経済協力会議）	アジア太平洋地域の経済協力を目的に21か国・地域が参加。参加国は日本，中国，韓国，ASEAN（東南アジア諸国連合）諸国，アメリカ，ロシア，カナダ，オーストラリア，チリ，ペルーなど。
ASEAN＋3 （日中韓）首脳会議	アジア太平洋地域の経済協力を目的として，1997年12月にマレーシアのクアラルンプールで開催されてから，毎年開催されている。参加国はASEAN加盟10か国（ブルネイ，カンボジア，インドネシア，ラオス，マレーシア，ミャンマー，フィリピン，シンガポール，タイ，ベトナム）および日本，中国，韓国の計13か国。さらにアメリカ，ロシアなどを加えた計18か国によるEAS（東アジア首脳会議）も毎年開催されている。

重要ポイント 4 戦後の国際政治史

 第二次世界大戦終結から米ソの冷戦終結へと続く国際政治の大きな流れを,どの程度理解しているかが問われる。戦争や紛争,国際組織の結成,軍縮条約,冷戦終結後の1990年代が要チェック項目。

1940年代	1945年:ヤルタ会談,国際連合の発足 1947年:トルーマン・ドクトリンとマーシャル・プランの発表 1948年:イスラエル独立宣言,国連が世界人権宣言を採択 1949年:北大西洋条約機構(NATO)発足,中華人民共和国成立
1950年代	1955年:アジア・アフリカ(バンドン)会議(平和10原則) 　　　　ワルシャワ条約機構発足 1958年:イラク革命,中東危機
1960年代	1967年:欧州共同体(EC)発足 　　　　東南アジア諸国連合(ASEAN)発足 1968年:核不拡散条約(核拡散防止条約,NPT)調印
1970年代	1975年:ベトナム戦争終結,初のサミット開催 1979年:米中の国交成立,中東和平条約調印
1980年代	1980年:イラン・イラク戦争 1989年:天安門事件,「ベルリンの壁」崩壊, 　　　　米ソ首脳によるマルタ会談(冷戦終結宣言)
1990年代	1990年:東西ドイツ統一 1991年:湾岸戦争,ソ連が崩壊し,独立国家共同体(CIS)創設へ 1993年:EC加盟12か国でヨーロッパ連合(EU)発足 　　　　オスロ合意によるパレスチナ暫定自治協定 1997年:香港返還,対人地雷禁止条約調印
2000年代	2000年:朝鮮半島で南北首脳会談 2001年:米国で同時多発テロ,アフガニスタン攻撃 2003年:イラク戦争 2010年:チュニジアでジャスミン革命 2011年:アラブの春(反政府・民主化運動),エジプト革命 2015年:パリで同時多発テロ 2020年:イギリス,EU脱退

重要ポイント❺ 世界の主な地域紛争

冷戦終結後は宗教紛争や民族紛争がクローズアップされるように
なった。地域紛争の原因と背景，またその経緯が問われる。

■アラブの春

2010～2011年，中東・アラブ地域で民主化運動が続発し，長期独裁政権
が崩壊した。一連の民主化運動は「アラブの春」と呼ばれ，Twitter など
ソーシャルネットワークを利用したため短期間に拡大したのが特徴。

チュニジア：2010年12月，失業中の男性が警察官の横暴さに憤り，焼身自
　殺したことをきっかけに反政府デモが発生。2011年1月に23年間続いた
　ベンアリ大統領の独裁体制が崩壊した（ジャスミン革命）。

エジプト：2011年1月，反政府デモが発生し，約30年間のムバラク独裁体
　制が崩壊。その後，モルシが文民として初の大統領になるもクーデターが
　起こり，2014年からはシシ大統領による強権政治が続いている。

リビア：2011年2月，カダフィ大佐による独裁に反対する民主化デモが発
　生。内戦状態となったが，多国籍軍がカダフィ政権側軍事施設を攻撃し，
　8月に42年間の独裁政権が崩壊した。新体制への移行が始まったものの，
　世俗派とイスラム勢力がそれぞれ政府を樹立し，再び内戦状態となった。
　その後，3つの政治勢力が並立するなど国内は混乱。2017年に国連のロー
　ドマップに基づき政治勢力間の対話が進展したが，2019年武力衝突が発
　生し，膠着状態が続いている。この混乱に乗じて過激派組織「イスラム国
　（IS）」がリビアにも拠点を置き，勢力を拡大しつつある。

シリア：2011年3月，親子二代のアサド大統領の独裁体制に反対するデモ
　が発生し，内戦状態に陥った。シリア政府軍と反政府軍の対立，さらに
　ISの勢力拡大などもあり，最大都市アレッポなどで激しい戦闘が行われ
　た。国連の仲介により2016に「シリア人対話」が開催され，2019年より
　憲法委員会の活動が始まっている。2016年12月に停戦が発効したが，予
　断を許さない状況が続いている。

■パレスチナ情勢

1948年にユダヤ人がイスラエルを建国し，追放されたパレスチナ人（ア
ラブ民族）が難民となったことから始まった紛争。イスラエルからの独立を

めざすパレスチナ自治区は，2007年に穏健派ファタハとガザ地区の過激派ハマスに分裂。2011年5月に暫定統一政府の樹立に合意したが，合意内容は実現していない。

重要ポイント **6** **欧州地域統合**

 拡大の一途をたどってきたEU（欧州連合）は，イギリスの離脱決定で岐路に立たされている。加盟各国の動向が問われる。

■EU拡大の歴史

	ECからEUへ	加盟国
1952年	ECSC（欧州石炭鉄鋼共同体）	フランス，西ドイツ（当時），
1958年	EEC（欧州経済共同体）	イタリア，オランダ，ベルギー，
	EURATOM（欧州原子力共同体）	ルクセンブルク
	上記3組織を統合	
67年	EC（欧州共同体）発足	
73年	第一次拡大	イギリス（脱退），デンマーク，アイルランド
81年	第二次拡大	ギリシャ
86年	第三次拡大	スペイン，ポルトガル
91年	マーストリヒト条約	
93年	EU（欧州連合）発足	
	｜　拡大EU	
95年	第四次拡大	オーストリア，フィンランド，スウェーデン
	｜	
97年	アムステルダム条約（99年発効）	
99年	ユーロ導入	
2001年	ニース条約	
2004年	EU憲法の採択	ポーランド，ハンガリー，チェコ，スロバキア，リトアニア，ラトビア，エストニア，スロベニア，キプロス，マルタ
	第五次拡大	
2007年	リスボン条約（2009年発効）	ブルガリア，ルーマニア
2013年	第六次拡大	クロアチア
2016年	イギリスの国民投票で離脱派勝利	
2020年	イギリスEU脱退	現在加盟国27か国

通貨統合参加国（19か国）：アイルランド，イタリア，オーストリア，オラン
　　　　　　　　　　　　　　　ダ，スペイン，ドイツ，フィンランド，フラン
　　　　　　　　　　　　　　　ス，ベルギー，ポルトガル，ルクセンブルク，
　　　　　　　　　　　　　　　ギリシャ，スロベニア，キプロス，マルタ，ス
　　　　　　　　　　　　　　　ロバキア，エストニア，ラトビア，リトアニア。
通貨統合非参加国（8か国）：スウェーデン，デンマーク，ポーランド，
　　　　　　　　　　　　　　チェコ，ハンガリー，ルーマニア，ブルガリ
　　　　　　　　　　　　　　ア，クロアチア

重要ポイント **7** **国際協力（ODAとNGO）**

 ODA支出額は，2000年代初頭にアメリカが日本に代わって最
大となって以降，現在まで首位を維持している。民間団体である
NGOも国際関係において大きな役割を果たしており，代表的な
ものについてはチェックしておく。

■ODA（政府開発援助）

　ODAは，先進国が発展途上国に対して行う経済援助のことで，OECD
（経済協力開発機構）の開発援助委員会（DAC）によれば，2018年の実績
（支出総額ベース・贈与相当額ベース）で，1位がアメリカ，次いでドイツ，
イギリス，日本，フランスの順となっている。

　ODAは，二国間援助である贈与（無償資金協力，技術協力）と円借款，
多国間援助である国際機関への出資・拠出で構成されるが，日本は他国に比
べて円借款（有償資金協力）の比率が高い。

■NGO（非政府組織）

　人権擁護・環境保護・医療救援・災害救援などの国際協力活動を主たる目的とする非営利の民間団体。国連憲章第71条に規定されており，国連はNGOに経済社会理事会および関連専門機関との協議上の地位を与えている。代表的な国際NGOに，緊急医療を行う国境なき医師団，死刑廃止や刑務所の待遇改善を求めるアムネスティ・インターナショナル，子供の権利保護を目標とするセーブ・ザ・チルドレン，反核と環境保護を訴えるグリーンピース，赤十字国際委員会，世界自然保護基金などがある。

ここにも注意

　非営利の民間団体について，国際協力分野では，援助を外国政府によるものか民間によるものか区別する観点から，NGOという用語が用いられる。他方で，社会的活動に従事し営利を目的としない組織に減税等の優遇を与えるという観点からは，営利組織と区別したNPO（非営利組織）という用語が用いられる。

　また国際関係では，EUをはじめ，特定の国や地域の間でFTA（自由貿易協定）やEPA（経済連携協定）を結ぶ動きが広がっており，NAFTA（北米自由貿易協定，1994年発足），AFTA（ASEAN自由貿易地域，93年発足），MERCOSUR（南米南部共同市場，95年発足），TPP協定（環太平洋パートナーシップ協定，2016年協定署名）などは要チェックである。

実戦問題

① 国際連合に関する記述として，妥当なのはどれか。

【特別区・平成24年度】

1 国際連合は，アメリカ大統領ウィルソンの提唱によって，第二次世界大戦後に設立された。

2 安全保障理事会は，常任理事国と非常任理事国で構成され，常任理事国が拒否権を持っているため，手続き事項を含むすべての議決は全会一致制による。

3 国際連合の主要な司法機関である国際司法裁判所は，国家間の紛争について，紛争当事国の一方の同意があれば，裁判を行うことができる。

4 国際連合の行う平和維持活動（PKO）については，関係国の同意は不要であるという原則があり，平和維持軍の派遣に際して，紛争当事国の同意を得る必要はない。

5 経済社会理事会は，国連教育科学文化機関（UNESCO）や世界保健機関（WHO）などの専門機関と連携しながら，経済・社会・文化などの分野での国際的な取組みを進めている。

② 国際連合に関する記述として，妥当なのはどれか。

【東京都・平成19年度】

1 総会は，すべての加盟国で構成され，国際連合のすべての目的に関する問題について討議し，加盟国に対する勧告は全会一致により決定しなければならない。

2 安全保障理事会は，国際平和と安全の維持に主要な責任を負い，当該理事会の実質事項の決議は，すべての常任理事国を含む9理事国の賛成を必要とする。

3 国連軍は，国連憲章に基づき創設される軍隊であり，国連軍の創設に必要な特別協定は，総会と加盟国とで締結される。

4 信託統治理事会は，経済社会理事会の専門機関であり，停戦監視や選挙監視などの平和維持活動を行っている。

5 国際司法裁判所は，常設の国際的司法機関であり，国際連合本部のあるニューヨークに設置されている。

3 平和維持活動に関する次の記述のA〜Cに入る語句の組合せとして，最も妥当なのはどれか。　【東京消防庁・平成27年度】

　冷戦終結後，平和維持活動（　**A**　）が国連の安全保障機能として注目を集めた。平和維持活動とは国連憲章第42条に規定がある（　**B**　）であり，紛争の沈静化や再発防止のために加盟国が自発的に提供した要員を国連が編成して派遣するものである。

　日本での平和維持活動の参加については，1992年に国連平和維持活動等協力法が成立し，（　**C**　）に初めて自衛隊が派遣された。

	A	B	C
1	PKO	国連軍とは異なるもの	カンボジア
2	PKO	国連軍の一部隊	カンボジア
3	PKO	国連軍とは異なるもの	モザンビーク
4	PKF	国連軍の一部隊	東ティモール
5	PKF	国連軍とは異なるもの	東ティモール

4 国連専門機関に関する次のア〜ウの記述と，その記述に該当する専門機関の略称の組合せとして，最も妥当なのはどれか。　【東京消防庁・平成25年度】

ア　教育・科学・文化の研究，普及，国際協力・交流などを任務とする専門機関であり，世界遺産の選定をすることでも親しまれている。

イ　緊急および中長期の国際的保健事業の調整・支援を行う機関であり，HIVやエボラ熱，SARSなどの対処で脚光を浴びている。

ウ　各国の労働立法や適正な労働時間，賃金，労働者の保健衛生に関する勧告などを行う専門機関であり，労働条件の国際的改善に先進的な役割を果たしている。

	ア	イ	ウ
1	UNESCO	WHO	ILO
2	UNICEF	WHO	ILO
3	UNESCO	WHO	IAEA
4	UNICEF	WTO	IAEA
5	UNESCO	WTO	IAEA

5 国際法に関する記述として，妥当なのはどれか。

【東京都・令和元年度】

1 ドイツの法学者であるグロティウスは「戦争と平和の法」を著し，実定法の立場から国際法を体系化した。

2 国際法は，大多数の国家の一般慣行である国際慣習法と，国家間の意思を明文化した条約などから成り立っている。

3 条約は，全権委任状を携行する代表により合意内容を確定する署名がなされた時点で発効する。

4 国際司法裁判所は，国家間の紛争を解決するために設置されたが，当事国双方の合意がなくても，国際司法裁判所において裁判を行うことができる。

5 国際刑事裁判所は，国家および個人の重大な犯罪を裁くために設置されたが，日本は国際刑事裁判所に加盟していない。

6 国家間の結びつきに関する記述として正しいものは，次のうちどれか。

【東京都・平成11年度】

1 NATOは，第二次世界大戦後の東西対立を背景に，西ヨーロッパの国々とアメリカ・カナダの相互防衛を目的としてつくられた軍事的結合である。

2 ASEANは，東南アジアの経済・社会の発展を目的とした地域協力組織であり，マレーシア，インドネシア，インド，台湾など10か国で構成されている。

3 OAPECは，西アジアのアラブ諸国により産油国の地位向上を図るため組織され，その後東南アジア・アフリカの産油国が加わり，OPECに改組された。

4 CISは，ソ連が崩壊した後，旧ソ連を構成していた共和国のうち，バルト3国を中心に結成された共和国の緩やかな連合である。

5 EUは，ヨーロッパの国々の経済・政治統合をめざす連合であり，イギリス，フランス，デンマークなど全加盟国により，1999年から通貨統合を開始した。

7 第二次世界大戦後の国際政治上の出来事に関する記述として正しいのはどれか。 【国家Ⅲ種・平成14年度】

1 国際平和の維持を目的として国際連合が結成されたが，東西冷戦が深刻化したため，米国およびソ連は，朝鮮戦争が休戦となるまで国際連合に加盟しなかった。

2 東欧諸国に社会主義政権が次々と誕生すると，警戒感を高めた西欧諸国および米国はワルシャワ条約機構を結成し，ソ連に対する集団防衛体制を構築した。

3 1950年代，インドネシアのバンドンで開催されたアジア・アフリカ会議では，反植民地主義と民族自決，平和共存などをめざして「平和十原則」が宣言された。

4 米ソの対立は局地的には戦火を交えることもあり，1960年代には，ソ連製ミサイルの配備を防ぐため，米軍はキューバに侵攻し，ソ連軍との間で2年間に及ぶ戦闘が行われた。

5 東西ドイツの統一を契機にドイツで始まったペレストロイカは，ソ連および東欧諸国に民主化・自由化をもたらし，その結果ソ連は消滅し，米ソ二極体制は終結した。

8 冷戦終結前後の国際情勢に関する記述として，妥当なのはどれか。 【特別区・平成18年度】

1 ソ連では，エリツィンがペレストロイカによる政治・経済の立て直しを唱え，共産党を解体して初代大統領に就任した。

2 中東では，イラクのフセイン大統領がイランに侵攻したが，それに対してアメリカが多国籍軍を組織してイランを支援し，イラクを攻撃した。

3 中国では，鄧小平が進めてきた民主化政策が貧富の差を増大させたため，民衆が天安門で民主化反対を訴えたが，政府に武力で弾圧された。

4 朝鮮半島では，金大中が韓国の大統領に就任し，北朝鮮との関係改善に努め，分断後，初めての南北首脳会談が実現した。

5 フィリピンでは，マルコスが民主化を唱えて大統領に就任し，独立以来の独裁体制に終止符が打たれた。

9 人権の国際化に関する記述として，最も妥当なのはどれか。

【警察官・令和元年度】

1 アメリカのフランクリン＝ローズベルト大統領が提唱した4つの自由の中に欠乏からの自由や恐怖からの自由があるが，日本国憲法に恐怖と欠乏から免れる権利に関しての明文はない。

2 1948年に国連総会において採択された世界人権宣言は，国際平和の維持のためには自由権の保障が重要であるとの理念に基づくものであり，社会権に関する規定は存在しない。

3 国連総会は，1966年に世界人権宣言を具体化して法的拘束力をもたせた国際人権規約を採択し，その実施を各国に義務づけた。

4 1979年に国連総会において採択された女子差別撤廃条約はわが国も批准しているが，同条約は女子に対するすべての差別を禁止する適当な立法その他の措置をとることまで求めていない。

5 地域的な人権保障制度の一例として欧州人権条約があるが，国民は加盟国政府による人権侵害があったとしても欧州人権裁判所に直接訴えることは不可能であり，実効性に乏しい。

10 最近の中東・アフリカの情勢に関する記述中の空所A〜Cに当てはまる国名の組合せとして，最も妥当なのはどれか。　　【警視庁・平成25年度】

近年の中東・アフリカの民主化運動の発端となったのは，2011年に起きたジャスミン革命と呼ばれる（　**A**　）の民衆蜂起による政変である。

2013年7月，（　**B**　）軍のトップ，シシ国防相は国営テレビを通じて，憲法を停止してモルシ大統領を解任すると発表した。軍による事実上のクーデターで，モルシ氏は拘束された。

2013年に入っても内戦が続く（　**C**　）では，化学兵器使用の疑惑が浮上し，国連の調査団が調査に当たり，同年9月には国連安全保障理事会が全会一致で（　**C**　）の化学兵器廃棄を義務づける決議案を採択した。

	A	B	C
1	チュニジア	エジプト	シリア
2	チュニジア	シリア	エジプト
3	チュニジア	リビア	シリア
4	モロッコ	エジプト	リビア
5	モロッコ	シリア	リビア

11 核に関する記述として，妥当なものはどれか。

【警視庁・平成18年度】

1 1962年に起きたベトナム戦争が，世界を核戦争の淵に立たせたのをきっかけにして，アメリカとソ連は緊張を緩和する努力を始めた。

2 IAEAは，原子力の平和利用を促進し，軍事的利用を未然に防止するために設立された国際協力機構である。

3 「核抑止論」とは，核を保有するすべての国が核兵器を廃絶することこそ合理的であるという考え方である。

4 包括的核実験禁止条約（CTBT）は，核保有国を含む44か国の批准を経て現在発効されている。

5 現在核を保有している国は，アメリカ，ロシア，イギリス，フランス，中国，北朝鮮の6か国である。

12 核兵器と軍縮に関する記述として，妥当なのはどれか。

【特別区・令和2年度】

1 1963年に，アメリカ，ソ連，フランス，中国の間で，大気圏内外と地下での核実験を禁止する部分的核実験禁止条約（PTBT）が締結された。

2 1985年にソ連でフルシチョフ政権が成立すると，アメリカ・ソ連間で戦略兵器制限交渉が開始され，1987年には中距離核戦力全廃条約が成立した。

3 非人道的な兵器とされる化学兵器や生物兵器に関して，化学兵器禁止条約は1997年に発効したが，生物兵器禁止条約は現在も未発効のままである。

4 NGOである地雷禁止国際キャンペーンが運動を展開し，1997年には対人地雷全面禁止条約（オタワ条約）が採択された。

5 2013年に国連で採択された武器貿易条約は，通常兵器の国際取引，核兵器の開発，実験等を禁止している。

⑬ 次は，OECDのDAC（開発援助委員会）に加盟する国のODA（政府開発援助）実績を示したもので，図Ⅰは上位5か国の支出総額ベースの実績推移，図Ⅱは2016年における，対アジアおよび対中東・北アフリカにおける国別実績割合であるが，A，B，Cに当てはまる国として最も妥当なのはどれか。　　　　　　　　　　　　　　　　　【社会人・平成24年度・改題】

図Ⅰ

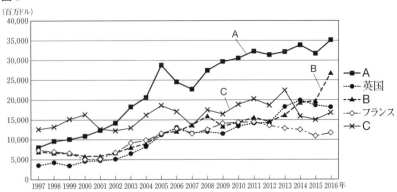

図Ⅱ

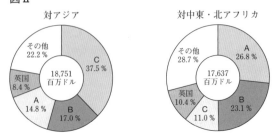

	A	B	C
1	ドイツ	日本	米国
2	日本	ドイツ	米国
3	日本	米国	ドイツ
4	米国	ドイツ	日本
5	米国	日本	ドイツ

14 欧州連合（EU）に関する記述として妥当なもののみをすべて挙げているのはどれか。　【国家Ⅲ種・平成19年度・改題】

A　1993年のヴェルサイユ条約により，ベルギー，ドイツ，スイス，フランス，イタリア，ルクセンブルク，オランダの7か国により，ECからEUと名称を変え，発足した。

B　農業市場を統一し，域内各国間の関税を撤廃した。主要な農作物は統一価格を設定し，EU域外からの安価な輸入農産物には域内価格との差額を課徴金として課し，域内農産物の価格が下がった場合には補助金を出している。

C　国境管理の廃止をめざしていたが，域外出身の外国人労働者がEU内の国境を越えて移動することが問題となり，廃止の方針が撤回された。

D　通貨統合を実現させ，金融政策の統一化を図るため，単一通貨「ユーロ」を導入した。現在のところ，スウェーデンなどが参加を見合わせている。

1　A，C
2　A，D
3　B，C
4　B，D
5　C，D

実戦問題●**解説**

1 国際連合に関する幅広い問いである。いずれも基本的なものだが，特に主要機関についての知識がポイント。

1 × ウィルソンの提唱によって第一次世界大戦後の1920年に成立したのは，国際連盟。国際連合は第二次世界大戦後の1945年に成立。

2 × 手続き事項は，常任理事国を含む9か国以上の賛成で決議を採択できる。重要事項については，5常任理事国の意見が一致し協力体制が必要であることから，拒否権を持つ常任理事国のうち1か国でも反対があれば決議できない。常任理事国は，アメリカ，イギリス，フランス，ロシア，中国の5か国。

3 × 国際司法裁判所が国家間の紛争について裁判を行うには，紛争当事国の一方だけでなく，両方の同意が必要である。

4 × 平和維持軍の派遣には，当事国の受け入れの同意を得る必要がある（同意原則）。

5 ◎ 正しい。経済社会理事会は54か国で構成され，任期は3年で毎年18か国ずつ入れ替える。

☞ **確認しよう** ➡国際連合の主要機関　　　　　　　　　　　**正答** 5

2 国際連合の主要機関の決議方法を中心に問われている。特に安全保障理事会の決議方法に注意すること。

1 × 後半が誤り。総会の決議は，重要事項については出席・投票する国の3分の2以上の多数決で，その他の事項は過半数でなされる。

2 ◎ 正しい。安全保障理事会は，5つの常任理事国と10の非常任理事国によって構成され，実質事項の決議は全常任理事国と非常任理事国4か国以上の賛成が必要。この場合，常任理事国は拒否権を持つことになる。手続き事項は15か国のうちの9か国以上の賛成で決決される。

3 × 「総会と加盟国とで締結される」は，安全保障理事会と加盟国とで締結されるので誤り。この特別協定は結ばれたことがなく，国連軍（加盟国軍の集合体）も編成されたことがない。

4 × 信託統治理事会は経済社会理事会と並ぶ国連の主要機関の一つ。ただし，現在は活動を停止している。後半の役割の説明は，PKO（国連の平和維持活動）についてのもの。

5 ✕ 国際司法裁判所の所在地は，ニューヨークではなくオランダのハーグ
である。

☞確認しよう ➡国連の主要機関の決議方法　　　　　　　　　　　　正答 2

3 国連平和維持活動の内容と日本の活動参加について問われている。国連平和
維持軍（PKF）と国連軍の違いも押さえておこう。

　国連の平和維持活動は，Peacekeeping Operationsを略して**PKO**と呼ば
れ，国連軍とは異なるものである。紛争地域の沈静化や戦闘の再発を防ぐた
めに国連が編成して派遣するPKF（国連平和維持軍）も，平和維持活動の
一つである。なお，国連軍は，国連安全保障理事会の決議によって組織され
る軍隊で，これまで一度も組織されたことはない。

　日本は1992年に国連平和維持活動等協力法が成立し，これに基づき，同
年9月にカンボジアに初めて自衛隊を派遣した。その後，モザンビークや東
ティモールなどにも派遣を行っている。

　したがって，**1**が正答である。

☞確認しよう ➡国連平和維持活動と日本の活動参加　　　　　　　正答 1

4 国際連合の専門機関とその活動内容が問われている。国連の補助機関・関連
機関との区別も正しく理解しておこう。

　ア UNESCO（国連教育科学文化機関）についての説明である。UNICEF
（国連児童基金）は，発展途上国や戦争などで被害を受けている子どもた
ちへの支援を行う，国連の補助機関の一つである。

　イ WHO（世界保健機関）についての説明である。WTO（世界貿易機関）
は，円滑な国際貿易の発展を目的とする機関で，国連の専門機関ではな
い。

　ウ ILO（国際労働機関）についての説明である。IAEA（国際原子力機関）
は，原子力の平和利用のために設立され，核兵器保有国以外の核査察など
を行う国連の関連機関の一つである。

　したがって，**1**が正答である。

☞確認しよう ➡国際連合の専門機関とその活動内容　　　　　　　正答 1

(5) 国際法の基本的知識を確認するとともに，国際司法裁判所と国際刑事裁判所の違いを整理する。

1 ✕ オランダの法学者グロティウスは「戦争と平和の法」を著し，自然法の立場から国際法を体系化した。

2 ◎ 国際法には慣行が積み重ねられた国際慣習法（慣習国際法）と国家間の合意を文書にした条約（成文国際法）がある。

3 ✕ 条約は代表の署名（調印）によって内容が確定し，本国で承認の手続き（批准）を経たのち，当事者間で批准書を交換した時点ではじめて発効する。

4 ✕ 国際司法裁判所は国家間の紛争の解決を目的に設置されている国連の主要機関であるが，当事国間の合意がなければ裁判は行えない。

5 ✕ 国際刑事裁判所は個人の重大な犯罪を裁く目的で国際条約により設置された。国家の犯罪は対象としていない。アメリカ，ロシア，中国などが未加盟であるが，日本は加盟している。

☞確認しよう ➡国際法と条約　　　　　　　　　　　　　　　正答 **2**

(6) 主要な国際同盟・組織についての問題では，その目的と加盟国が解法のカギとなる。

1 ◎ 正しい。NATO（北大西洋条約機構）は1949年に創設された安全保障同盟で，99年には冷戦後のNATO東方拡大の第一次としてポーランド，チェコ，ハンガリーの3か国が加盟，さらに2004年にはバルト3国（エストニア，ラトビア，リトアニア），スロバキア，スロベニア，ブルガリア，ルーマニアの7か国，2009年にはアルバニア，クロアチアの2か国が加盟し，加盟国は28か国となった。なお，対抗機構であったWTO（ワルシャワ条約機構）は91年に解体された。

2 ✕ インド，台湾はASEAN（東南アジア諸国連合）に加盟していない。

3 ✕ OAPEC（アラブ石油輸出国機構）はクウェート，サウジアラビア，リビアが1968年に結成し，11か国が加盟。OPEC（石油輸出国機構，1960年設立）は，産油国間の石油政策協調と原油価格下落防止を目的とする石油の生産・価格カルテル組織であり，OAPECとは別の組織なので，誤り。

4 × CIS（独立国家共同体）は，旧ソ連を構成していた15か国のうちバルト3国を除く12か国（正式には10か国）で組織された。2009年にグルジアが脱退し，現在の正式加盟国は9か国。

5 × EU（欧州連合）は1999年1月1日から統一通貨「ユーロ」を導入したが，当初は全加盟国（15か国）のうちイギリス，デンマーク，スウェーデン，ギリシャを除く11か国でスタートした。

☞確認しよう ➡ NATOの創設目的　　　　　　　　　　　　　　　　正答 **1**

---

7 東西冷戦体制とその崩壊という，第二次世界大戦後の国際政治の歴史についての一般的な知識を問う問題。

1 × 米ソを欠いたのは国際連盟。国際連合は両国とも原加盟国である。

2 × ワルシャワ条約機構ではなく，北大西洋条約機構（NATO）の説明。

3 ◎ 正しい。これは1961年以降の非同盟諸国首脳会議に引き継がれた。

4 × 米国は1962年に経済制裁を発動してカストロ革命政権を倒そうとしたが，侵攻はしていない。ソ連がミサイルを配備したことから，米ソ間に緊張が高まり，**キューバ危機**が発生した。

5 × ペレストロイカは，ソ連のゴルバチョフ政権下で推進された改革。

☞確認しよう ➡ 戦後の国際政治史　　　　　　　　　　　　　　　正答 **3**

---

8 冷戦終結前後のソ連とアジアに関する知識が問われている。各国の民主化への過程を整理する。

1 × 「エリツィン」はゴルバチョフの誤り。

2 × 「イラン」はクウェートの誤り。

3 × 鄧小平は改革・開放政策を進め，民衆が天安門で民主化を訴えた。

4 ◎ 正しい。金大中による**太陽政策**（融和政策）の成果である。

5 × フィリピンでは，1986年にマルコスが国外へ逃亡，反マルコスを掲げたコラソン・アキノが大統領に就任した。

☞確認しよう ➡ 冷戦後のアジア情勢　　　　　　　　　　　　　　正答 **4**

9 世界人権宣言と国際人権規約の関係について理解し，自信をもって答えられるようにしておきたい。

1 ✕ 日本国憲法前文に「われらは，全世界の国民が，ひとしく恐怖と欠乏から逃れ，平和のうちに生存する権利を有することを確認する」とある。4つの自由のうち，残り二つは言論と表現の自由および信教の自由である。

2 ✕ 世界人権宣言には4つの自由の考え方が盛り込まれ，自由権のみならず社会権・参政権なども含まれている。

3 ◎ 正しい。世界人権宣言を法的拘束力をもつ条約で保障するため，1966年に国連総会で国際人権規約が採択され，1976年に発効した。

4 ✕ 女子差別撤廃条約は，女子に対するあらゆる差別を撤廃することを基本理念とし，締約国に適当な措置を求める。日本は1985年の締結に当たり，国籍法の改正，男女雇用機会均等法の制定などを行った。

5 ✕ 欧州評議会加盟国間の欧州人権条約に基づいて欧州人権裁判所が設置されている。加盟国の国民は政府による人権侵害についてこれに直接訴えることができ，加盟国はその最終判決に従う必要がある。

☞確認しよう ➡世界人権宣言　国際人権規約　欧州人権裁判所　　正答 **3**

10 中東・アフリカの民主化運動は，何をきっかけにして広がったのか，近年の情勢など，最新情報を把握しておくこと。

A ジャスミン革命は，2011年に北アフリカのチュニジアで起きた民衆蜂起による革命である。

B 2013年7月，エジプト・アラブ共和国のムハンマド・モルシ大統領がエジプト軍によって解任され，軍に拘束された。

C 2011年以降，内戦が続くシリアでは，自国の民衆に対して化学兵器使用の疑いが持たれ，国連の調査団がその事実を確認。国連安全保障理事会はシリアに化学兵器廃棄を求める決議を採択した。

よって**1**が正答である。

☞確認しよう ➡中東・アフリカの民主化運動　　正答 **1**

(11) 核兵器は, 地球の壊滅的状況を招くものである。第二次世界大戦後の核に関する条約や各国の対応を整理しておく。

1 × ベトナム戦争は, 1959年末から60年にかけて始まった南部の親米政権とアメリカ対ベトナム解放勢力の戦い。背後には米中の対立があった。米ソの緊張緩和はそれ以前から生じていた。

2 ◎ 正しい。IAEAは2005年にノーベル平和賞を受賞した。

3 × 核抑止論とは, 核兵器によって, 相手国が攻撃をしかけてくれば壊滅的な反撃を与えることを示し, 相手国の攻撃を事前に防ぐという考えをいう。

4 × 「現在発効されている」は誤り。この条約の発効には, 米ロ英仏中のほか, インド, パキスタン, イスラエル, 北朝鮮などを含む44か国の批准が必要で, 現在は発効されていない。

5 × この他, インドとパキスタンが保有を宣言し, イスラエルが事実上の保有国として扱われる。

☞確認しよう ➡ IAEAの位置づけ, 核に関する条約　　　　　**正答 2**

(12) 核兵器についてはもちろん, その他の大量破壊兵器についても基本的な知識が問われる。

1 × 1963年の部分的核実験禁止条約は, アメリカ, ソ連, イギリスの間で締結された。これは, 大気圏内, 宇宙空間, 水中での核実験を禁止する一方, 地下核実験は禁止していない。

2 × 1985年のソ連のゴルバチョフ政権成立により緊張緩和が進み, 米ソ間で中距離核戦力全廃条約や戦略兵器削減条約が締結された。戦略兵器制限交渉は1970年代の米ソ間の交渉。

3 × 生物兵器禁止条約は1975年, 化学兵器禁止条約は1997年に発効している。日本はともに締結済みである。

4 ◎ 地雷禁止(廃絶)国際キャンペーンなどのNGOと賛同各国の協力により, 1997年に対人地雷(全面)禁止条約(オタワ条約)が採択され1999年に発効した。日本も締結済みである。

5 × 2013年に国連総会で採択された武器貿易条約（翌年発効）は，通常兵器の国際取引を規制するものであり，核兵器を対象としていない。日本も締結済みである。

⎘確認しよう ➡核兵器・通常兵器に関する条約 　　　　　**正答 4**

⑬ ODA（政府開発援助）実績で毎年上位の主要援助国と，日本の動向を押さえておくこと。

　ODA実績は2001年までは日本が1位であったが，2002年以降は米国（**A**）が1位となっている。近年はドイツ（**B**）の援助拡大が目立ち，また，日本（**C**）は2014年に縮小したものの，最近は拡大傾向にある。地域別にみると，対アジアでは日本が40%近くを占め最大であり，対中東・北アフリカでは，アメリカに次いで微差でドイツ，日本は3位となっている。

　よって，**4**が正答である。

⎘確認しよう ➡ODA実績の推移 　　　　　**正答 4**

⑭ EUについてのやや突っ込んだ問題である。EU設立の経緯と具体的な政策がポイントとなる。

A　EUは，1993年の**マーストリヒト条約**によって発足した。原加盟国は，フランス，ドイツ，イタリア，オランダ，ベルギー，ルクセンブルク，イギリス，デンマーク，アイルランド，ギリシャ，スペイン，ポルトガルの12か国である。

B　正しい。

C　1985年の**シェンゲン協定**によって，協定加盟国間では国境の通過は自由となった。EU外からは，協定国のいずれか1か国の入国手続きを経なければいけない。その後は協定国内の行き来は自由である。

D　正しい。

　したがって，**4**が正答である。

⎘確認しよう ➡EUの条約内容 　　　　　**正答 4**

第2章

経　済

テーマ **1** 需要・供給と市場経済

重要度

重要問題

市場経済に関する記述として最も妥当なのはどれか。

【国家一般職／税務／社会人・令和元年度】

1 スマートフォンの市場など，価格競争に加えて，デザインや性能などの非価格競争が行われるという特徴を持つ市場は，完全競争市場と呼ばれる。

2 一般道路や灯台など，利用者から対価を得ることが難しく，多くの人々が同時に利用できるという特徴を持つ財は，公共財と呼ばれる。

3 農作物などで，悪天候の影響で十分な収穫が得られなかったにもかかわらず，多くの人々が必要としていることから価格が急騰する状況は，外部不経済と呼ばれる。

4 生活必需品など，製品の差別化が難しく，買い手がプライスリーダー（価格先導者）として価格への強い影響力を有する状態で需要と供給が均衡した価格は，管理価格と呼ばれる。

5 中古車販売など，売り手が持っている情報を買い手に完全に示さずに，売り手が高値で売ることは，不当廉売（ダンピング）と呼ばれる。

112

解説

本問は市場経済に関する総合的な理解を問う内容であるが，非価格競争，管理価格，不当廉売はいずれも不完全競争市場において成立するものであることを理解していれば，解ける問題である。

1✕ 非価格競争とは，デザインや性能など価格以外の要素で他社の製品と財の差別化を図ることである。完全競争市場では財の同質性が前提となることから，本肢の市場は不完全競争市場である。

2◎ 正しい。公共財とは，消費の非競合性と非排除性をともに有する財であり，私的財と異なり民間の企業による供給は困難であることから，警察や消防，道路などのような財・サービスは実際には公的部門によって供給される。

3✕ 外部不経済とは，ある経済主体の行動が，市場を介さずに別の経済主体の行動に悪い影響を及ぼすことである。天候不順により農作物価格が急騰するのは，市場原理の結果であり，外部不経済ではない。

4✕ 前半部分の記述が誤り。管理価格とは，製品の差別化が行われる市場において，価格への強い影響力を持つ売り手がプライスリーダーとなり，人為的に決定される価格である。

5✕ 本肢の内容は，不当廉売ではなく，情報の非対称性である。不当廉売とは，不当に低い価格で財やサービスを販売することであり，公正な市場競争が歪められる恐れがあるため，独占禁止法によって規制されている。

☞確認しよう ➡公共財，外部不経済，管理価格　　　　　　　　　正答 **2**

　本問のようなさまざまな価格体系に関する問題は経営分野に近く，近年出題が増えてきている。特に管理価格については，価格の下方硬直性についても問われるので，しっかり整理しておきたい。

 重要ポイント ❶ 価格の種類

価格には市場価格，寡占価格，管理価格，統制価格などの種類がある。特に管理価格の下方硬直性がよく出題される。

市場価格	市場の需要・供給関係の変動によって成立する価格。自由価格。
寡占(かせん)価格	独占価格の一つ。少数の大企業が協定を結んで市場を支配する価格。
管理価格	独占価格の一つ。有力企業がプライスリーダー（価格先導者）として一定の利潤を確保するために設定する価格。他の企業がその価格に追随し，価格競争を避ける。管理価格は需給関係を反映せず，また，技術革新による価格低下もほとんど起こらない，下方硬直性を持つ。
統制価格	公共料金など，国が決定したり，認可したりして決める価格。

 重要ポイント ❷ 需要曲線と供給曲線

需要曲線と供給曲線は，最もよく出題される事項である。図の中の曲線が何に該当するかを問う簡単な問題が多い。

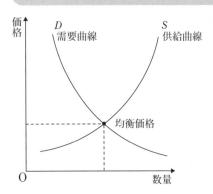

■需要・供給の法則

　需要量は価格が高くなると減少し，価格が下がると増加する。価格が下がれば下がるほど需要量が増加することを「需要の法則」と呼ぶ。需要曲線は右下がりの傾斜。

　供給量は価格が高くなると増加し，価格が下がると減少する。供給曲線は右上がりの傾斜。

第2章

経済

 重要ポイント **3** **需要曲線のシフト**

どのようなときに需要曲線が右へシフトするかがポイント。

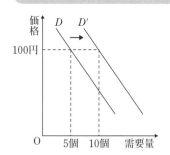

■需要曲線の右へのシフト要因

　右へのシフトは需要量の増加を示す。

①消費者の所得の増大

②購買意欲の増加（貯蓄意欲の減少）

③代替財の価格の上昇

■需要の価格弾力性

　価格が変化したときに需要が何％変化するかを示す指標。

・需要量の変化が小さいのは生活必需品。

・需要量の変化が大きいのはぜいたく品。

 重要ポイント **4** **供給曲線のシフト**

需要曲線と同様に，右へのシフト要因がポイント。

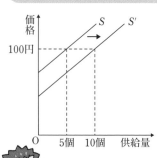

■供給曲線の右へのシフト要因

　右へのシフトは供給量の増加を示す。

①技術革新（＝生産性の上昇）

②原材料費の下落

③賃金の下落

ここにも注意

　需要曲線に関する問題では，シフトだけでなく，傾斜度にも注意が必要である。生活必需品の需要曲線は，価格に応じた変化が小さいので急傾斜となることを覚えておこう。

重要ポイント ❺ 企業の種類と現代企業

企業の種類をはじめ，複合企業（コングロマリット），多国籍企業など，現代の企業に関する基礎的知識が問われる。

■企業の種類

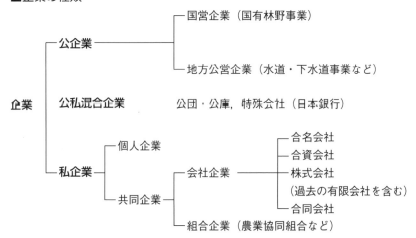

■現代の企業

複合企業（コングロマリット）	買収や合併などにより，複数の産業や異業種にまたがって多角的な活動を行う企業形態。
多国籍企業	複数の国に経営資産を持ち，世界的規模で活動する企業。
ベンチャー企業	既存の企業がまだやっていない未開発分野で創造的事業活動を展開する企業。ベンチャー企業投資促進税制（エンジェル税制）により，ベンチャー企業に投資を行う個人投資家に対して税制上の優遇措置がとられている。

第2章 経済

重要ポイント 6 企業の市場支配形態

 企業はどのような目的で市場を支配しようとするかがポイント。カルテルとトラストについての問題が多い。

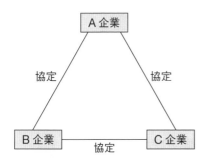

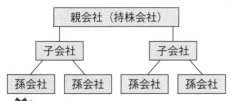

■カルテル（企業連合）

　少数の同一業種の巨大企業が，生産・販路・価格などについて協定を結ぶこと。

　カルテルを作る際に，市場の統制を強化するために共同販売機関（組織）を設ける場合があり，これをシンジケートという。実態はトラストに近い。

■トラスト（企業合同）

　同一業種内の巨大企業が合併して新たな企業を組織する形態。

■コンツェルン（企業結合）

　持株会社による株式支配により，異種・同種の産業部門にわたって企業を支配する形態。戦前の財閥がその例である。

ここにも注意

　持株会社は，戦後の財閥解体以来禁止されていたが，独占禁止法9条の改正により，1997（平成9）年12月に解禁された。「子会社の株式取得価額の合計が，総資産の5割を超える会社」と定義され，その設立は原則自由となった。「○○ホールディングス」「○○フィナンシャルグループ」という社名が特徴的で，近年設立が増えている。

実戦問題

1 市場のメカニズムに関する記述として最も妥当なのはどれか。

【中途採用者・平成22年度】

1 アダム・スミスは，その著書『諸国民の富』の中で，競争市場において効率的な資源配分を実現するためには，「見えざる手」と呼ばれる政府の介入が不可欠であると説いた。

2 市場メカニズムだけにゆだねたのでは望ましい資源配分が実現できない現象は，一般に「市場の失敗」と呼ばれる。その例の一つとして，公害などの外部不経済の発生がある。

3 企業で技術革新があったとき，完全競争市場では需要が増加して価格が上がる傾向が見られ，寡占市場では供給が増加して価格が下がる傾向が見られる。

4 主要な企業によってカルテルやコンツェルンが形成された市場では，広告・宣伝や製品の差別化による競争が激化し，価格が下がり続ける傾向が見られる。

5 資金市場では，金利（利子率）が価格の役割を果たしており，金利が上がると，市場における資金の需要は増加し，資金の供給は減少する。

2 経済学者に関する次のア～ウの正誤の組み合せのうち，最も妥当なものはどれか。

【東京消防庁・令和元年度】

ア イギリスの経済学者アダム・スミスは「雇用・利子および貨幣の一般論」を著し，不況を克服するために，政府が公共事業などを行って有効需要を創出するべきであると主張した。

イ ドイツの経済学者マルクスは「資本論」を著し，資本家が労働者の賃金を搾取する資本主義の矛盾を強調し，公正な社会を実現することを目標として，社会主義経済の理念を唱えた。

ウ イギリスの経済学者ケインズは「諸国民の富（国富論）」を著し，個人や企業が自己の利益だけを追求する経済活動は，「見えざる手」に導かれて結果的に社会全体にとってプラスになることを主張した。

	A	B	C
1	正	正	誤
2	正	誤	正
3	正	誤	誤
4	誤	正	正
5	誤	正	誤

③ 図はアイスクリームにおける市場変化を示している。需要曲線Dと供給曲線Sが図のようにシフトするのはどのような場合か，ア～エから選んだ組合せとして妥当なのはどれか。ただし，図の縦軸は価格pを，横軸は数量qを示しており，市場の変化後の需要曲線はD'，供給曲線はS'である。

【地方初級・平成23年度】

ア 消費者の所得が増加したとき
イ 冷夏により，アイスクリームが売れないとき
ウ 技術革新により，生産コストが低下したとき
エ アイスクリームの原材料の価格が上がったとき

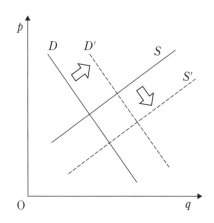

	需要曲線DからD'へのシフト	供給曲線SからS'へのシフト
1	ア	ウ
2	ア	エ
3	イ	ウ
4	イ	エ
5	ウ	エ

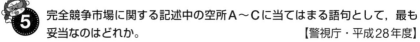

4 次の記述中の空欄A～Cに当てはまる語句の組合せとして妥当なのはどれか。　【地方初級・平成29年度】

好況期は企業の生産は（　**A**　）するが，やがて（　**B**　）が増えすぎて在庫を抱えてしまう。そこで賃金を下げると需要が（　**C**　）してしまい，物が売れず不況になる。

	A	B	C
1	拡大	需要	拡大
2	拡大	供給	拡大
3	拡大	供給	縮小
4	縮小	需要	縮小
5	縮小	供給	拡大

5 完全競争市場に関する記述中の空所A～Cに当てはまる語句として，最も妥当なのはどれか。　【警視庁・平成28年度】

完全競争市場においては，価格の上下が供給量と需要量を調整し，需要を一致させる（　**A**　）が働く。ここで重要なのは，価格がその財・サービスの過不足情報を消費者と生産者に提供する点である。価格の上昇はその財の（　**B**　）が高まっていることを意味する。経済主体は，価格を目安に行動するため，価格が消費者・生産者の調整行動を促す。その結果として，（　**C**　）が達成される。

	A	B	C
1	価格の自動調節機能	希少性	資源の効率的配分
2	価格の自動調節機能	過剰性	所得の再分配
3	景気の自動安定機能	希少性	経済の安定
4	景気の自動安定機能	過剰性	資源の効率的配分
5	価格の自動調節機能	希少性	所得の再分配

6 企業の形態に関する記述として，最も妥当なのはどれか。

1 相互に関連のないさまざまな企業を吸収合併，買収し，複数の産業や業種にまたがって多角的に活動する複合企業のことをコングロマリットという。

2 同一産業の複数の企業が，価格や生産量などについて協定を結び，市場の独占的な支配をめざす形態をコンツェルンという。

3 複数の企業が株式の持ち合いや融資関係，役員の派遣により結合し，多くの産業分野を支配する形態をトラストという。

4 同一産業の複数の企業が，独立性を捨てて合併し巨大企業となることで市場の独占的な支配をめざす形態をカルテルという。

5 複数の国に子会社や系列会社を持ち，世界的な規模で活動する企業をベンチャー企業という。

7 わが国の株式や株式会社に関する記述として最も妥当なのはどれか。

【国家一般職／税務／社会人・平成28年度】

1 株式会社は株式を発行し，購入者が資金を払い込むことで資金を調達する。購入者は，証券取引所に上場された会社の株式に限って売買をすることが可能となる。

2 株式の所有者を株主といい，わが国では法人株主は禁止され，個人株主のみが認められている。株主は，会社に利益があがった場合，一律の配当を受ける権利を持つ。

3 株式会社が負債を抱えて倒産し，債務を返済できない場合，株式の価値はなくなるが，株主は自身が出資した資金を失う以上の責任を負わされることはない。

4 株主は，株主総会で1人1票の議決権を持っている。株主総会は株式会社の最高意思決定機関であるが，株主総会の議案は，取締役会から提出されたものに限られる。

5 会社法の制定により，株式会社を設立するための最低資本金は1,000万円とされ，それに満たない資本金で会社を設立する場合，有限会社となることとされた。

8 わが国の中小企業に関する記述として最も妥当なのはどれか。

【国家一般職／税務／社会人・平成29年度】

1 中小企業とは，従業員数100人未満の企業のことであり，わが国の事業所数のうち中小企業が占める割合は，1960年代以降一貫して80％未満である。

2 中小企業は，大企業から注文を受けて製品の製造を行う下請となることも多く，このような企業は，不況期には，コスト削減のために生産調整の対象とされることがある。

3 近代化が遅れ資本装備率や労働生産性の低い中小企業と，技術力や資金力を持った中小企業との格差は，日本経済の二重構造と呼ばれている。

4 不況によって倒産する中小企業が相次いだことから，中小企業を設立するための最低資本金が引き上げられ，現在では300万円とされている。

5 繊維，陶磁器などを生産する地場産業では，大規模生産を行うニッチと呼ばれる大企業の進出や，アジア諸国との競争により，中小企業の撤退が進んでいる。

実戦問題●解説

1 外部不経済，競争市場，寡占市場などの用語の正しい理解が解法のカギとなる。

1 ✕ アダム・スミスは著書『諸国民の富』で，政府は経済活動に介入すべきではないと主張。個人や企業の自由な経済活動は，神の「見えざる手」に導かれて社会に調和がもたらされると説いた。

2 ◎ 正しい。**外部不経済**とは，企業による公害の発生のように，ある経済主体が市場を通らずに他の経済主体に不利益が及ぶことをいう。逆に，利益が及ぶことを，外部経済という。

3 ✕ 技術革新があったとき，**完全競争市場**ではより安く生産できるために価格は下がる傾向にあり，**寡占市場**の場合は少数の大企業の思惑による価格設定になりがちで，価格は上がる傾向にある。

4 ✕ 広告・宣伝や製品の差別化にかかる費用が，価格にはね返ることになる。

5 ✕ 金利が上がると，市場における資金の需要は減少し，資金の供給は増加する。

☞確認しよう ➡外部不経済　　　　　　　　　　　　　　　　**正答 2**

2 経済学者とその理論に関しては，スミス，リカード，マルクス，リスト，ケインズの主張と主な著書を整理しておけば得点源となる。

ア 誤り。　本肢は，ケインズに関する説明である。

イ 正しい。　なお，『資本論』は全3巻から構成されるが，マルクスの生前に刊行されたのは第1巻だけで，第2巻，第3巻はマルクスの死後に，エンゲルスによりマルクスの草稿がまとめられることで刊行された。

ウ 誤り。　本肢は，アダム・スミスに関する説明である。

したがって，正答は**5**である。

☞確認しよう ➡有効需要の原理　　　　　　　　　　　　　　**正答 5**

③ 消費者の需要の変化によって需要曲線はシフトし，生産者側の変化によって供給曲線がシフトするということを理解していれば解ける問題である。

ア 消費者の所得が増加すれば，たくさん買い物をするようになる。つまり，消費者は高くても買う，また多く買うようになるため，**需要曲線は右上にシフト**する。

イ 冷夏でアイスクリームが売れないとき，消費者は安くないと買わないし，需要量も減少すると考えられる。したがって，需要曲線は**左下にシフト**する。

ウ 「技術革新により，生産コストが低下した」ということは，生産者はより多く，より安く生産することができるということである。したがって，**供給曲線は右下にシフト**する。

エ 原材料の価格が上がれば，アイスクリームの生産コストも上昇すると考えられる。このとき，生産者は価格をより高くし，少なく生産するようになるため，供給曲線は**左上にシフト**する。

以上のことから，図に描かれている需要曲線と供給曲線の変化を示すのは**ア**と**ウ**であるから，正答は**1**となる。

☞確認しよう ➡需要曲線と供給曲線のシフト

正答 1

④ 景気の変動と需要・供給の変化について，図を使って整理しておこう。

好況期は景気がよく，消費活動が活発になる。そこで企業は生産を拡大させ，供給を増加させる。よって，**A**には「拡大」が入る。しかし，企業が生産を続けていけば供給が増えすぎてしまい，需要を上回るようになると売れ残りが発生し，企業は在庫を抱えることになる。よって，**B**には「供給」が入る。在庫はすでに費用をかけて生産された物であり，在庫が売れないと企業には売上が入らず，赤字が発生してしまう。そこで，労働者の賃金を下げて費用の削減を試みるが，労働者の所得が減少することで消費活動は低迷し，需要が縮小してしまうことになる。よって，**C**には「縮小」が入る。したがって，正答は**3**である。

☞確認しよう ➡景気と需要・供給の関係

正答 3

5 需要・供給と価格の関係，財政政策に関する用語の理解が必要である。

A 需要を見込んで生産すると多すぎたり少なすぎたりして，価格が上下する。その価格の上下に応じて供給も増減し，需要とのバランスがとれていく。これを「価格の自動調節機能」という。

B 商品の「希少性」が高まれば，その価格は上昇する。

C 消費者・生産者が価格によって行動することは，「資源の効率的配分」につながる。なお，「所得の再分配」とは，政府が高所得者に多くを課税し，それを社会保障などで低所得者へ回していくことによって，所得の格差を調整するという財政政策である。

したがって，**1**が正答となる。

☞確認しよう ➡価格の自動調節機能，資源配分機能，所得の再分配　　正答 **1**

6 現代の企業の形態と市場支配をねらう企業形態について，その名称とあり方についての知識がポイント。

1 ◎ 正しい。現在の代表例としてタイム・ワーナー，ウォルト・ディズニー・カンパニーなどのメディア・コングロマリット，シティグループ，INGグループなどの金融コングロマリットなどがある。

2 × これは**カルテル**（企業連合）についての説明である。

3 × これは**コンツェルン**（企業結合）についての説明である。

4 × これは**トラスト**（企業合同）についての説明である。

5 × これは**多国籍企業**についての説明である。ベンチャー企業は，先端技術や独創的な発想のもとに未開発分野で事業を展開する小規模企業をいう。

☞確認しよう ➡企業形態と企業の市場支配形態　　正答 **1**

⑦ わが国の株式会社の仕組み，株主の責任などについての基本的な知識がポイント。

1 × 株式は本来，自由に売買することができる。証券取引所に上場している会社の株式は，証券取引所を通して自由に売買できるが，上場していない会社の場合は株の譲渡制限がある会社が多く，その会社の承認が必要なことがある。

2 × 法人株主も認められている。株主は，会社に利益があがると出資金に応じた配当を受ける。

3 ◎ 正しい。株主は自身が出資した資金の範囲内で責任を負う。

4 × 株主総会では，株主は自身が持つ株式の数に応じた議決権がある。議案については，株主にも議案の提出権がある。

5 × 2006年施行の**会社法**により，会社設立のための最低資本金制度は廃止となり，資本金が1円でも会社を設立することができるようになった。また，有限会社は新設できなくなった。

☞確認しよう ➡株式会社の仕組み　　　　　　　　　　　正答 **3**

⑧ わが国企業の大多数は中小企業であること，および会社法改正の内容はよく問われるのでしっかり整理しておくこと。

1 ✕ 中小企業とは，中小企業基本法第2条第1項の規定に基づく「中小企業者」をいい，具体的には，下記に該当するものをさす。

業種	中小企業（下記のいずれかを満たすこと）	
	資本金	常時雇用する従業員
①製造業・建設業・運輸業その他の業種（②〜④を除く）※	3億円以下	300人以下
②卸売業	1億円以下	100人以下
③サービス業※	5,000万円以下	100人以下
④小売業	5,000万円以下	50人以下

出典：『2020年版中小企業白書』

また，わが国の事業所数のうち，中小企業が占める割合は1960年代以降，99％台で推移し，2016年時点では，全企業の99.7％を占めている。

2 ◎ 正しい。

3 ✕ 二重構造は中小企業間の格差ではなく，大企業と中小企業の間での格差である。わが国では1950年代後半に，賃金，資本装備率，労働生産性などにおいて近代的大企業と前近代的な小企業，零細企業，農業などとの間に格差が見られたとされ，大企業と中小企業の間で二重構造が問題となった。1963年の中小企業基本法により，中小企業の保護が行われ，高度経済成長期の好況や労働力不足により，大企業と中小企業の格差は，ある程度は改善した。

4 ✕ 2006年の会社法の改正によって，最低資本金の規制（株式会社設立には1000万円，有限会社設立には300万円の資本金が必要）が撤廃され，現在は資本金1円から中小企業を設立することができる。

5 ✕ ニッチの説明が誤り。ニッチとは，ニーズの少ない市場の隙間に焦点を当てたものであり，大規模生産が困難なケースが多い。その性質から大企業ではなく中小企業で見られる。

☞確認しよう ➡中小企業の定義，大企業と中小企業の格差，会社法の内容

正答 **2**

重要度

テーマ **2** 国民経済計算

重要問題

国内総生産（GDP）に関する記述として，最も妥当なのはどれか。

【警視庁・令和2年度】

1 ストックとは，ある一定期間における流れの量のことであり，一定期間にどれだけの生産が行われたかを表すGDPがその一例である。

2 GDPには，家事労働やボランティア活動などのように市場で取引されない財・サービスも含まれる。

3 GDPは自国民の国外での生産を含むが，外国人の国内での生産は含まない点で，国民総所得（GNI）と共通する。

4 GDPは，一定期間内に国内で生産された総生産額から，原材料や燃料などの中間生産物の価格を差し引いたものである。

5 グリーンGDPとは，国民総所得から，環境破壊などマイナス面のコストを差し引き，家事労働や余暇などを金銭で評価して加えたものである。

解説

肢5は環境問題が叫ばれる近年ならではの論点であるが，それ以外の選択肢は，いずれもパターン化された論点であるので，類題をこなすことで知識を定着させること。

1 × 本肢はフローについての内容である。ストックとは，ある時点における経済状態を表す数値であり，資本量，労働者数，貨幣供給量などが該当する。

2 × GDPは，市場で取引された財・サービスのみ計上する。ただし，「持ち家の住宅サービス」や「農家の自家消費」のように，帰属計算（たとえば，持ち家に住むことは，自分が自分に対して住宅を貸しているとみなすこと）されるものについては，市場で取引されていなくても例外的にGDPに計上される。

3 × GDPは，生産者が自国民であるか外国人であるかを問わず，自国内で生み出された付加価値の合計を表す。これに対し，生産が自国内であるかどうかを問わず，すべての自国民が生み出した付加価値は，国民総所得（GNI: Gross National Income）という。

4 ◎ そのとおり。なお，本肢は生産面からみたGDPの説明である。

5 × グリーンGDPとは，国内純生産（GDP－自然資源の減耗分）から環境破壊による外部不経済を貨幣評価した費用（帰属環境費用）を控除したもの。環境調整済国内純生産（EDP）ともいう。

確認しよう ➡ GDP，GNI，帰属計算　　　　　　　　**正答 4**

FOCUS

GDPについては，定義のほか，三面等価の原則，帰属計算，GNIとの関係が頻出なので，パターンに慣れておくこと。余裕ができたら，国内純生産（NDP）などの指標も整理すること。

要点の まとめ

 重要ポイント 1 国内総生産（GDP）と国民所得（NI）

国内総生産（GDP）と国民総所得（GNI）の定義および国民所得（NI）の産出式は，最も重要な事項である。GDPとGNI（GNP）の違いが問われる。

■国内総生産（GDP）

GDPは，一定期間内（通常は1年間）に一国内で生産された財・サービスの総額から原燃料などの中間生産物の価額を差し引いたものである。

国内総生産（GDP）＝国内産出額－中間生産物

- **産出額**：一国の全産業部門の生産物（サービスも含む）を，その時点での市場価格で合計したもの。
- **中間生産物**：一つの企業が他の企業から購入した原材料や半製品をさす。
- 日本人が海外で得た所得・送金分は含まれない。外国人（外資系企業や外国人労働者）が日本国内で得た所得・送金分は含まれる。
- 一国の経済規模をとらえる指標として，日本の領土で産み出された価値の総額である国内総生産（GDP）が使用されている。

■国民総所得（GNI），国民総生産（GNP）

GDPに海外からの純所得を加えたものが，GNI（＝GNP）である。

国民総所得（GNI）＝GDP＋海外からの純所得

国民純生産（NNP）＝GNI（GNP）－固定資本減耗（減価償却費）

国民所得（NI）＝NNP－（間接税－補助金）

- **海外からの純所得**：海外からの所得－海外への所得
- **固定資本減耗（減価償却費）**：機械設備などの減耗費。
- **間接税，補助金**：消費税などによる市場価格の増加分を差し引く。また，政府の補助金は市場価格を低下させているので，その分を加える。
- 国民総生産と国民総所得は，国の一定期間内の経済力を表す経済指標である。

130

■国民経済計算の相互関係

国内産出額	GDP	中間生産物
国内総生産（GDP）	NDP	固定資本減耗
国内純生産（NDP）	DI	間接税－補助金
国内所得（DI）		

海外からの純所得
- NNP ｜ 固定資本減耗 → 国民総生産（GNP）（国民総所得 GNI）
- NI ｜ 間接税－補助金 → 国民純生産（NNP）
- → 国民所得（NI）

重要ポイント 2 **国民所得（NI）の分類**

国民生活の豊かさを示す国民所得（NI）の算出方法が問われる。国民所得は，その循環の過程により，生産，分配，支出の三面からとらえられ，その総額が等しいこと（三面等価の原則）に注意。

①生産国民所得（NIP）
第一次産業
第二次産業
第三次産業

②分配国民所得（NID）
雇用者報酬（賃金・俸給）
財産所得（利子・地代・配当）
企業所得（個人・法人企業所得）

③支出国民所得（NIE）
個人消費
民間投資
政府支出
経常海外余剰

■三面等価の原則

生産国民所得＝分配国民所得＝支出国民所得

ここにも注意

　国民経済計算（SNA）は，国際連合が統一した基準を定めており，最新の基準は2008年に採択された2008SNAである。日本は2016年より，旧基準（1993SNA）から改訂した。2008SNAは，急激な経済・金融環境の変化に対応しており，たとえば，旧基準で中間消費扱いだった研究・開発（R&D）は総固定資本形成に含まれる。

実戦問題

1 経済の循環を示した次の図の空所A～Cに当てはまる語句の組合せとして，妥当なのはどれか。　　　　　　　　　　　　　　　【警視庁・平成24年度】

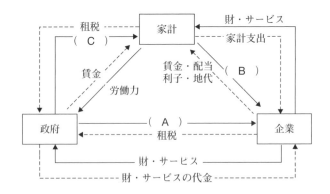

	A	B	C
1	補助金	労働力・資本・土地	社会保障
2	補助金	社会保障	労働力・資本・土地
3	労働力・資本・土地	社会保障	補助金
4	労働力・資本・土地	補助金	社会保障
5	社会保障	労働力・資本・土地	補助金

2 国民所得に関する記述として，妥当なのはどれか。

【特別区・平成18年度】

1 国民所得は，雇用者所得，企業所得および財産所得の3つの面からとらえることができ，それらの額がすべて同じ大きさとなることを三面等価の原則という。

2 国内総生産（GDP）は，1年間に国内で生産された財やサービスの付加価値の総合計で，一国の経済規模を示す指標である。

3 国民総生産（GNP）は，国富と呼ばれ，住宅や道路などの有形資産に対外純資産を加えたものである。

4 国民純生産（NNP）は，国民総生産（GNP）から固定資本減耗を引いたもので，一国のある時点における過去からの蓄えの量を示す指標である。

5 グリーンGDPは，レジャーなどのプラス項目や公害などのマイナス項目を国内総生産（GDP）に加減したもので，国民の生活水準を示す指標である。

3 GNP（国民総生産）とGDP（国内総生産）に関する次の文中の空欄に当てはまる語句の組合せとして妥当なのはどれか。【地方初級・平成22年度】

　GNPとGDPは，両方とも（　**ア**　）の概念に当てはまる。GNPは一定期間内に産出された国民の所得から（　**イ**　）ものである。GNPはその国の経済規模を示す指標として用いられており，現在GNPの代わりに国民総所得（GNI）が用いられている。

　一方，GDPは，海外所得を（　**ウ**　）ものである。

	ア	イ	ウ
1	フロー	中間物価額を引いた	GNPから引いた
2	フロー	生産に要した費用を引いた	GNPに加えた
3	フロー	中間物価額を引いた	GNPに加えた
4	ストック	中間物価額を引いた	GNPに加えた
5	ストック	生産に要した費用を引いた	GNPから引いた

4 次のA～Eのうち，国民所得に関する記述の組合せとして，妥当なのはどれか。　【東京都・平成27年度】

A 国内総生産（GDP）とは，国内で新たに生産された付加価値の総額であり，国内での総生産額から中間生産物の価額を差し引いたものである。

B 国民総生産（GNP）とは，GDPに海外からの純所得を加え，古い設備を更新するための固定資本減耗を控除した額である。

C 国民所得（NI）は，生産，分配，支出の三面からとらえることができ，これらの額が等しいことを国民所得の三面等価の原則という。

D 生産国民所得は，第一次産業，第二次産業および第三次産業の生産額の合計であるが，わが国では第二次産業の占める割合が最も高い。

E 分配国民所得は，雇用者報酬，財産所得および企業所得の合計であるが，わが国では企業所得の占める割合が最も高い。

1 A，C　　**2** A，D　　**3** B，C　　**4** B，E　　**5** D，E

⑤ 次は，国民経済計算に関する概念を示した図であるが，A〜Dに当てはまる
ものの組合せとして最も妥当なのはどれか。

【国家一般職／税務／社会人・令和2年度】

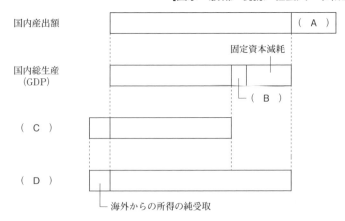

	A	B	C	D
1	純間接税	純輸出	国民総所得（GNI）	国民所得（NI）
2	純間接税	純輸出	国民所得（NI）	国民総所得（GNI）
3	政府支出	純輸出	国民所得（NI）	国民総所得（GNI）
4	中間投入額	純間接税	国民総所得（GNI）	国民所得（NI）
5	中間投入額	純間接税	国民所得（NI）	国民総所得（GNI）

⑥ 国民経済計算で用いられる経済指標のGDPに関する記述として妥当なのは
どれか。 【地方初級・平成25年度】

1 GDPは，ある一時点における経済価値の蓄積であるストック指標で表すこと
ができる。

2 日本のGDPには，日本人が海外で得た所得も含まれている。

3 名目GDPから物価変動を除いたものが実質GDPである。

4 国内所得はGDPから中間生産物を差し引いて求めることができる。

5 国内総生産であるGDPは，国内総所得から国内総支出を差し引くことでも求
めることができる。

1 国民経済を構成する3つの経済主体の相互関係を理解することが重要。ま
す,「労働力・資本・土地」を押さえよう。

　家計は家族を主体とし,消費を目的とする経済主体であり,企業と政府に
労働力を提供して賃金を受け取り,生活に必要な財・サービスを購入して消
費する。企業は財・サービスを生産・販売して利潤を得ることを目的とし,
政府は財政活動を通して国民生活の向上と国民経済の安定を目的とする経済
主体である。これら3つの経済主体の間に財・サービスが循環することを,
経済の循環という。

　「労働力・資本・土地」は家計が企業に提供するものなので,**B**が妥当。
したがって,**2**,**3**,**4**は誤りであり,除外できる。次に,「補助金」に注目
すると,これは政府が企業に与えるものなので,**A**が妥当。「社会保障」は
政府が家計に提供するものなので,**C**が妥当である。

　したがって,**1**が正答である。

　確認しよう ➡国民経済と3つの経済主体　　　　　　　　　**正答** **1**

2 経済指標の主だったものについての知識が問われている。中心となるのは
GDP,GNP,NIであり,その知識の確かさがカギ。

1 ✕ 国民所得の三面等価は,生産国民所得,分配国民所得,支出国民所得
　　　である。

2 ◎ 正しい。

3 ✕ GNP(国民総生産)と国富は異なる。この説明は国富についてのも
　　　のである。

4 ✕ NNP(国民純生産)の説明として,前半は正しい。後半は誤り。「過
　　　去からの蓄えの量」ではなく,一定期間の経済活動の規模をさす。

5 ✕ グリーンGDPは,主に環境破壊によるマイナス面をGDPから減ずる
　　　算定方法。1980年代後半からその声が出ているが,いまだ公式の経
　　　済指標とはなっていない。

　確認しよう ➡経済規模を示す指標(GDP)　　　　　　　　**正答** **2**

③ GNPやGDP，GNIとは何を表すのかがわかれば簡単な問題である。フローとストックの意味の違いがポイント。

ア GNPとGDPは，一定期間内に国富から生み出されるもの，つまり「**フロー**」を表す概念である。「**ストック**」は，国富のように過去からある時点までの経済の貯蔵量を表す。

イ GNPは，一定期間内に産み出された総生産額から**中間生産物**の価額を引いたもので，中間生産物の価額と「**中間物価額**」とは同値である。現在ではGNPに代わってGNI（国民総所得）が用いられている。

ウ GDPは，海外からの純所得を「**GNP（GNI）から引いた**」ものである。

したがって，「フロー」「中間物価額を引いた」「GNPから引いた」の**1**が正しい。

したがって，正答は**1**である。

☞**確認しよう** ➡国民総所得（GNI），フローとストック　　　　　　**正答 1**

④ GDPやGNI，NIは何を表すか，国民所得の三面等価の原則についての知識がポイント。

A ○ **中間生産物**とは，生産のための原材料や燃料などのこと。

B × **国民総生産（GNP）**は，日本国内・国外を問わず，1年間に日本人が新たに生産した付加価値の総額をいう。GNPから固定資本減耗を控除した額が，**国民純生産（NNP）**である。経済指標としては，現在はGDPを用いるほうが多い。

C ○ 三面とは，生産国民所得・分配国民所得・支出国民所得のことである。

D × 後半の記述が誤り。日本では，第三次産業が占める割合が最も高い。

E × 後半の記述が誤り。日本では，雇用者報酬が占める割合が最も高い。

したがって，**A**と**C**が妥当なので，**1**が正答。

☞**確認しよう** ➡GDP，GNP，NIと三面等価の原則　　　　　　**正答 1**

経
済

第2章

5 GDPとGNIの関係を式で理解したうえで，国内純生産（NDP），国民純生産（NNP），国民所得（NI）との関係にまで拡大できれば解答できる。

　国内産出額から**A**を差し引いたものがGDPであることから，**A**は中間投入額が入る。続いて，GDPに海外からの所得の純受取を加えたものが**D**であることから，**D**は国民総所得（GNI）が入る。そして，GNIから固定資本減耗および**B**を差し引いたものが**C**となることから，**B**は純間接税，**C**は国民所得（NI）が入る。よって，正答は**5**である。

☞確認しよう ➡ GDPとGNIの関係　　　　　　　　　　　正答 **5**

6 GDPの定義が問われている。定義の内容を具体的に知っておく必要がある。

1 × GDPは，ある一定期間にその国の領土内で生産された財やサービスの価値を集計したもの（フロー）をいう。

2 × GDPのDはDomestic（国内）の頭文字であり，地理的空間として国内（領土内）を意味する。つまり，GDPには，日本人が海外で得た所得は含まれない。外国人が日本国内で得た所得は，日本のGDPに含まれる。

3 ◎ 正しい。実質GDP＝名目GDP－物価上昇率（物価変動）

4 × 国内所得は，国内純生産から間接税を差し引き，補助金を加えて求める。

5 × GDPは生産・分配・支出の三面からとらえることができ，それぞれ等しくなる関係にある。国内総生産（GDP）＝国内総所得（GDI）＝国内総支出（GDE）となり，これを三面等価の原則という。

☞確認しよう ➡ GDPの定義　　　　　　　　　　　正答 **3**

金融政策とインフレーション

重要度

重要問題

金融の仕組みに関する記述として最も妥当なのはどれか。

【国家一般職／税務／社会人・令和元年度】

1　金融機関が破綻した場合，預金者に対して一定額の払戻しを保証する制度をペイオフという。わが国では，預金者一人当たり1つの金融機関につき元本1,000万円とその利息が払戻しの上限額である。

2　預金と貸出しが繰り返されることで，銀行全体として当初の10倍以上の預金をつくり出す仕組みを信用創造といい，支払準備率が高いほど，より多くの貸出しを行うことができる。

3　中央銀行が実施する公開市場操作のうち，国債を買い入れる買いオペレーションは，一般に好況時に実施され，市場に資金を供給することで，金利を引き上げる方向に導くものである。

4　通貨は，現金通貨とマネーストックの2つから構成されている。マネーストックは，支払手段として機能する小切手などをさしており，預金を含まない。

5　金融市場における競争を促進するため，国際業務を扱う銀行の総資産に占める自己資本の割合は8％を超えないよう国際的に規定されており，自己資本の過剰な積増しは禁止されている。

解説

中央銀行の役割だけでなく金融の仕組み全般の知識が要求されている。

1 ◎ そのとおり。なお，わが国では，2010年（平成22年）9月10日，日本振興銀行が経営破綻したことにより，初のペイオフが発動されたが，その後，2020年現在まで，ペイオフが発動された金融機関はない。

2 × 信用創造の結果，銀行全体として預金総額は当初の預金額（本源的預

第2章

経済

金）の（1／支払準備率）倍となる。たとえば支払準備率が10％の時，銀行Aが100万円を預金として受け入れると，10万円を支払準備金として手元に残し，残り90万円を企業や個人に貸出す。借り手はその90万円を別の経済主体への支払いにあてると，その経済主体は90万円を自分の取引銀行Bに預金する。すると銀行Bは，受け入れた預金の10％である9万円を支払準備金として残し，残り81万円を企業や個人に貸出す。このように銀行が貸出しを繰り返すことで，銀行全体として預金（派生預金）が膨れ上がり，預金総額は本源的預金の（1／支払準備率）倍となる。また，式から明らかなように，支払準備率が高いほど，銀行は支払準備金を多く残さないといけないことから，貸出しは減少する。

3 × 一般的に，買いオペレーションは不況時に実施される金融緩和政策である。中央銀行が市中銀行（民間銀行）から国債などを購入する買いオペレーションによって，市中にはより多くの貨幣が供給されることになる。また，市中銀行にとっては国債などを売却したことで多くの貨幣が入るため，貸出しできる貨幣の量が増えることになり，金利は引き下げの方向に導かれることになる。

4 × マネーストックとは，個人や企業などの通貨保有主体が保有する現金通貨や預金通貨などの通貨残高のことである。また，預金通貨は要求払預金から対象金融機関保有小切手・手形を差し引いたものである。

5 × バーゼル合意（BIS規制）に基づき，国際業務を扱う銀行の自己資本比率は8％以上と定められている。なお，自己資本比率は分子に自己資本，分母に保有資産等のリスクの大きさを示す数値で表される。また，バーゼル合意では銀行が想定外の損失で経営危機に陥らないように，資本の積立ても求めている。

☞確認しよう ➡信用創造，公開市場操作　　　　　　　　　　　**正答** 1

FOCUS

　　信用創造などの金融の仕組みや日本銀行による金融政策の種類は頻出なので，パターンに慣れておくこと。余裕ができたら，バーゼル合意（BIS規制）など近年の金融制度をめぐる動向についても整理すること。

要点の まとめ

重要ポイント 1 日本銀行の機能

 日本銀行の3つの機能についての問題は多い。「銀行の銀行」と しての機能では市中銀行との関係がポイントになる。

①**発券銀行**……日本銀行券（紙幣）を発行する唯一の発券銀行で，国民生活 に必要な現金を供給・回収する。日本銀行券の発行については，財務大臣 によって最高発行限度額が決定される。

②**「銀行の銀行」**……市中銀行から準備預金を受け入れ，市中銀行への貸付 けを行う。

③**「政府の銀行」**……政府への資金貸付けのほか，国庫金の出納・保管，公 債の発行・償還に関する事務代行を行う。また，外国為替の決済処理も国 から委託されている。

重要ポイント 2 日本銀行の金融政策

不況下や景気が過熱しているときに，どのような操作が行われ， どのような効果があるのかが問われる。

■**公定歩合操作**

　公定歩合とは，日本銀行が市中金融機関に対して貸出しを行う際に適用さ れる基準金利のことである。公定歩合を操作することで，市中金融機関の金 利を上下させて資金量をコントロールし，経済活動全般に影響を与える。わ が国では1994（平成6）年に民間銀行の金利が完全に自由化され，政策金利 は公定歩合から短期金融市場の金利（無担保コール翌日物の金利）に変わっ ている。2006（平成18）年に日本銀行は公定歩合という名称を「基準割引 率および基準貸付利率」に変更した。

■**公開市場操作（オープン・マーケット・オペレーション）**

　日本銀行が，金融市場（公開市場）で市中金融機関と有価証券（株式，債 券など）を売買してマネー・サプライに影響を与える政策。金融市場に資金 が不足し，経済が停滞しているときに，市場から有価証券を買い上げて資金 を市場に提供する（買いオペレーション）。景気が過熱気味のときには有価 証券を売る（売りオペレーション）。1996（平成8）年以降，金融政策の中

心となった。

■預金準備率操作

　支払準備率操作ともいう。市中銀行が預金の支払いができなくなるのを防ぐために，一定割合を日本銀行に預け入れることを義務づけている。その割合を支払準備率（法定準備率）といい，この準備率を引き上げると，資金が不足して，金融市場は引き締まる。預金者保護の色彩が強い。

経済状況	・不況時 ・デフレ傾向のとき ・国際収支の赤字 ・金融緩和	・景気が過熱気味のとき ・インフレ傾向のとき ・国際収支の黒字 ・金融引締め
公定歩合操作	引下げ	引上げ
公開市場操作	買いオペ	売りオペ
預金準備率操作	引下げ	引上げ

なお，わが国では1991年10月を最後に変更されていない。

 重要ポイント 3 金融市場の種類

　金融市場は，資金の需要・供給を調整する場で，金利を中心に取引きが行われる。市場の種類と特徴が問われる。

- 長期金融市場（資本市場）……取引き期間が1年以上の金融市場で，長期貸付け市場と証券市場とに大別される。証券市場はさらに，取次会社（通常は証券会社）を経由する発行市場と，既発行の株式・債券が転々と流通する流通市場に分かれる。
- 短期金融市場……取引き期間が1年未満の金融市場で，広範な市場参加者，金利の自由な変動などを特徴とする。
- コール市場……短期金融市場で最も古いもので，金融機関相互による短期融資（通常1か月）の市場をさす。貸し付ける側からコールローン，借入れ側からコールマネーという。

重要ポイント ④ 景気循環の種類

景気循環の問題では，短期循環，中期循環，長期循環の周期と波動名が問われる。長期波動では，クズネッツの波（建設循環）が要チェック。

循環の種類	循環の期間	波	主因
短期循環	約40か月　在庫循環	キチンの波	在庫投資の変動
中期循環	約10年　主循環	ジュグラーの波	設備投資の変動
長期循環	約20年　建設循環	クズネッツの波	建設投資の変動
	50〜60年	コンドラチェフの波	技術革新

重要ポイント ⑤ インフレーションとデフレーション

景気循環（景気変動）とともに顕著に現れるのが物価変動である。インフレーションとデフレーションの違いが，よく出題される。

■インフレーション（物価が継続的に上昇すること）

発生の原因	通貨の流通量の増大⇒超過需要，貨幣価値の下落
社会的現象	生産活動の停滞。預貯金の目減り。 家計が苦しくなり，資産を持っている人と持っていない人との経済的不公平が生じる。

■デフレーション（物価が継続的に下落すること）

発生の原因	通貨の流通量の縮小⇒貨幣価値の上昇
社会的現象	景気が低迷して需要量が減少。実質金利の上昇。 企業の倒産，失業者の増大を招く。

重要ポイント6　**インフレーションの種類と関連用語**

 インフレーションにはさまざまな種類がある。原因別と，物価上昇の速度別に分けて理解しておくと，わかりやすい。

■原因別

ディマンド・プル・インフレーション（需要インフレ）	需要が供給を超過することによって生じるインフレ
コスト・プッシュ・インフレーション	原材料や賃金などのコストが上昇して生じるインフレ

■速度別

クリーピング・インフレーション（忍び寄るインフレ）	年率2〜3%程度で物価指数が上昇する，慢性的に継続するインフレ
ハイパー・インフレーション（超インフレ）	物価指数が1年間に何倍にも高騰するインフレ〈例〉第一次世界大戦後のドイツ
ギャロッピング・インフレーション（駆け足のインフレ）	クリーピング・インフレーションとハイパー・インフレーションの中間程度の速度で物価指数が上昇するインフレ

■スタグフレーション

　インフレーションと関連したものとして，スタグフレーションがある。不況（スタグネーション）と物価上昇（インフレーション）の合成語で，不況になっても物価が下落せずに，インフレーションが進行する状況をいう。1970年代初めの第一次石油危機後に発生した。

■デフレ・スパイラル

　デフレーションによる物価下落のために企業の収益が悪化して生産削減や人員削減などが行われると，それがさらに物価下落を引き起こし，デフレーションを悪化させるという悪循環をいう。これに対し，悪循環的にインフレーションが進むことをインフレ・スパイラルという。

実戦問題

1 次の図は，日本銀行の金融政策を表したものであるが，図中の空所A～Fに該当する語の組合せとして，妥当なのはどれか。　【特別区・平成20年度】

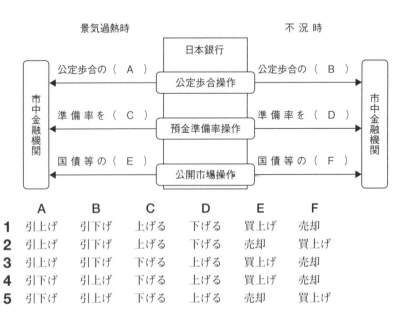

	A	B	C	D	E	F
1	引上げ	引下げ	上げる	下げる	買上げ	売却
2	引上げ	引下げ	上げる	下げる	売却	買上げ
3	引上げ	引下げ	下げる	上げる	買上げ	売却
4	引下げ	引上げ	下げる	上げる	買上げ	売却
5	引下げ	引上げ	下げる	上げる	売却	買上げ

2 日本銀行の役割に関する次のA～Eの記述のうち，正しいものが3つある。その組合せとして正しいのはどれか。　【警察官・平成25年度】

A　一定規模以上の企業に対する貸付け

B　市中銀行への貸出しおよび市中銀行からの預金

C　景気動向に応じた消費税の設定

D　唯一の発券銀行として紙幣を発行

E　政府の銀行として国の預金を管理

1　A，B，D

2　A，B，E

3　B，C，D

4　B，C，E

5　B，D，E

3 貨幣と金融の仕組みに関する記述として最も妥当なのはどれか。

【国家一般職／税務・平成24年度】

1 貨幣には現金通貨と預金通貨があり，わが国の現金通貨はマネーストック（マネーサプライ）と呼ばれている。現金通貨には，日本銀行が発行する硬貨と政府が発行する紙幣の2種類がある。

2 貨幣にはさまざまな機能があり，手元に取っておくことで価値を蓄えることができる価値貯蔵機能やさまざまな商品の価値を金額で示すことができる価値尺度機能などがある。

3 銀行へ預金すれば金利を受け取ることができるが，銀行から資金を借りれば金利を支払う必要がある。資金の需要量が供給量よりも大きければ金利が下落し，逆に資金の需要量が供給量よりも小さければ金利は上昇する。

4 金融は直接金融と間接金融に分けられる。このうち，後者の間接金融とは企業が株式や社債を発行して必要な資金を調達することをさしている。

5 名目金利とは物価の変動分を考慮しない金利であり，実質金利とは物価の変動分を差し引いた金利である。このため，物価の上昇や下落にかかわらず，名目金利は実質金利よりも高くなる。

4 日本銀行に関するA～Dの記述のうち，妥当なものを選んだ組合せはどれか。

【特別区・平成28年度】

A 日本銀行は，日本で唯一の発券銀行として日本銀行券を発行するとともに，銀行の銀行として市中金融機関に対して資金の貸出しや預金の受入れを行うほか，政府の銀行として国庫金の出納を行う。

B 日本銀行は，物価の安定を図ることを通じて国民経済の健全な発展を実現するため，通貨および金融の調節を行っており，その基本方針は，日本銀行政策委員会の金融政策決定会合で決まる。

C 日本銀行は，公開市場操作，公定歩合操作，預金準備率操作の3つの金融政策を通じて景気や物価の安定を図っており，金利の自由化に伴い，現在では公定歩合操作が金融政策の中心となっている。

D 日本銀行は，市中金融機関との間で国債を売買して通貨供給量を調整するが，景気が過熱気味であるときは，買いオペレーションにより資金供給量を減らして，金利を高めに誘導する。

1 A，B　　**2** A，C　　**3** A，D　　**4** B，C　　**5** B，D

❺ 次の文のA〜Dに入るものの組合せとして最も妥当なのはどれか。

【国家Ⅲ種・平成20年度】

　金融は，経済活動に必要な資金の貸し借りが行われることをいうが，外部資金の調達には2つの方式がある。企業が株式や社債を発行し，証券会社などを通じて資金供給者である個人や企業がこれを引き受ける（　**A**　）と，銀行などの金融機関に預け入れられた預金が，企業に貸し出される（　**B**　）である。

　また，銀行は，現金を預金として受け入れると，その一部を（　**C**　）として保有し，残りを貸し出す。貸し出された企業は，それを他企業への支払いに充て，他企業は受け取った現金を自分の取引銀行に預金する。その取引銀行は，同様に受け入れた預金の一部を（　**C**　）として保有し，残りを貸出しに回す。これが繰り返されると，全体で最初の預金額の何倍もの預金が創出されることになる。これを（　**D**　）という。

	A	B	C	D
1	間接金融	直接金融	当座預金	信用創造
2	間接金融	直接金融	支払準備金	公開市場操作
3	間接金融	直接金融	支払準備金	預金準備率操作
4	直接金融	間接金融	当座預金	公開市場操作
5	直接金融	間接金融	支払準備金	信用創造

❻ 経済不況時における日本銀行の金融政策に関する記述中の空所ア〜エに当てはまる語句の組合せとして，最も妥当なのはどれか。

【警視庁・平成26年度】

　資金（　**ア**　）オペレーションによって金融市場の資金量を（　**イ**　），政策金利を（　**ウ**　）に誘導する。これにより企業への貸出金利も（　**エ**　）し，経済活動は活発化する。

	ア	イ	ウ	エ
1	吸収	減らし	高め	上昇
2	吸収	増やし	低め	上昇
3	供給	減らし	低め	低下
4	供給	増やし	低め	低下
5	供給	増やし	低め	上昇

7 景気の調整を目的とした財政政策，金融政策に関する記述として，最も妥当なのはどれか。　【東京消防庁・平成20年度】

1 不況時には，財政支出を削減することで景気を刺激する。

2 好況時には，減税を実施することで景気の過熱を抑制する。

3 不況時には，公定歩合を引き上げることで景気を刺激する。

4 好況時には，売りオペレーションを実施することで景気の過熱を抑制する。

5 好況時には，預金準備率を引き下げることで景気の過熱を抑制する。

8 日本経済がデフレ状態にあるときに，中央銀行が行う金融政策の組合せとして，正しいものは次のうちどれか。　【警察官・平成15年度】

1 公定歩合引下げ　　売りオペレーション　　預金準備率引下げ

2 公定歩合引上げ　　買いオペレーション　　預金準備率引下げ

3 公定歩合引下げ　　買いオペレーション　　預金準備率引下げ

4 公定歩合引上げ　　売りオペレーション　　預金準備率引上げ

5 公定歩合引下げ　　買いオペレーション　　預金準備率引上げ

9 景気は不況→回復→好況→後退……のように循環（変動）するが，次の記述のうち正しいものはどれか。　【地方初級・平成14年度】

1 物価は，景気回復時には下降し，好況期に最低となる。

2 雇用者数は，景気後退期には減少し，不況期に最小となる。

3 利子率は，景気後退期には上昇し，不況期に最大となる。

4 国内需要は，景気後退期には上昇し，不況時に最大となる。

5 企業の設備投資は，景気後退期に活発になり，不況時に最大となる。

10 景気循環に関するA～Dの記述のうち，妥当なものを選んだ組合せはどれか。 【特別区・平成21年度】

A コンドラチェフの波は，技術革新などによって生じるとされる50年から60年周期の長期波動である。

B ジュグラーの波は，住宅建築の動きなどによって生じるとされる15年から25年の周期を持つ波動である。

C クズネッツの波は，設備投資の盛衰が主な原因となって生じるとされる約10年周期の中期波動である。

D キチンの波は，在庫投資の変動が主な原因となって生じるとされる約40か月周期の短期波動である。

1 A，B
2 A，C
3 A，D
4 B，C
5 B，D

11 物価とインフレーションに関する記述として，最も妥当なのはどれか。 【警視庁・平成29年度】

1 物価とは，財・サービスの平均価格の水準であり，企業と消費者の間で取り引きされる財の物価は企業物価指数で表される。

2 インフレーションは，家財道具や住宅・土地などの実物資産の名目価値を下げ，債務者の負担を重くする。

3 インフレーションは，金融資産や貯蓄の目減りをもたらし，年金や預貯金に頼る高齢者や生活保護受給者に打撃を与える。

4 需要の増加に対して供給が追いつかないために生じるインフレーションを，コスト・プッシュ・インフレーションという。

5 原材料費・燃料費の上昇率が，労働生産性の増加率を上まわることによって生じるインフレーションを，ディマンド・プル・インフレーションという。

12 不況下で生産物や労働力の供給過剰が生じているのに物価が上昇する状態を
表す語として，最も妥当なのはどれか。　　　【東京消防庁・平成27年度】

1　インフレーション
2　デフレーション
3　コンプライアンス
4　デリバティブ
5　スタグフレーション

13　デフレーションに関する記述として，妥当なのはどれか。
【東京都・平成17年度】

1　外国為替の動きは物価に影響があり，円安ドル高は輸入物価を低下させ，デフ
レーションの要因となる。
2　デフレーションにおいては，年金生活者などの固定収入で生活する者は，受け
取る貨幣の価値が下がるため購買力が低下して不利になる。
3　中央銀行が，市中銀行から国債や手形を購入する公開市場操作や公定歩合の引
下げを行って，通貨供給量を過剰に増加させると，デフレーションを引き起こす
おそれがある。
4　デフレ・スパイラルとは，デフレーションにより物価が下落して企業の売上げ
が減少し，賃金の下落や失業の増大から家計支出が抑制され，物価下落と景気後
退を繰り返すことをいう。
5　わが国では，1970年代，石油危機の際にスタグフレーションが発生し，景気
停滞下のデフレーションが進行した。

14 インフレーションおよびデフレーションに関する記述として，妥当なのはどれか。 【警視庁・平成22年度】

1 賃金や原燃料価格が上昇すると，需要と供給の間に不均衡が生じ，生産力が低下するためにデフレーションが発生する。

2 通貨の過剰発行や有効需要の増大がもたらすインフレーションをコスト・プッシュ・インフレーションという。

3 インフレーションが発生すると貨幣価値が低落するので，債務の負担が軽くなる反面，勤労者の実質賃金の低下や預貯金の目減りを招く。

4 為替相場が円安になることで輸入品の価格が上昇すると，国内製品の価格は相対的に低下するのでデフレーションが発生する。

5 デフレーションで物価が下落しても需要が回復せず，売上高の減少が所得の減少を招いてさらなる需要減少と物価下落に陥る悪循環をスタグフレーションという。

15 国民所得や経済成長に関する記述として最も妥当なのはどれか。 【国家一般職／税務／社会人・平成30年度】

1 国内総生産（GDP）は，ストックの代表的な指標であり，これまでの経済活動によって蓄えられた有形資産から対外純資産を差し引いたものである。

2 一定期間内に生み出される付加価値の合計は，三面等価の原則により国民所得（NI）に一致する。また，付加価値の合計は，中間生産物の金額が増えると高くなる。

3 経済成長率は経済活動の実態を示す指標の一つであり，一般に，実質GDPの変化率である実質経済成長率が用いられる。

4 消費者物価指数とは，平均的なコンビニエンスストアでの商品の価格によって算出され，販売価格が希望小売価格を上回ると指数は上昇する。

5 緩やかなデフレーションは，将来の景気回復を見越しての消費や投資を活性化させるが，これが続くと預貯金の価値が減少するデフレ・スパイラルを引き起こす。

金融政策とインフレーション テーマ3

実戦問題●解説

1 現在，日本銀行が実際に行っている金融政策は公開市場操作が中心であるが，概念として3つの金融政策の仕組みを理解しておこう。

日本銀行が**公定歩合**を変更すると，市中金融機関の貸出金利や預金金利が連動する。

A　景気過熱時は，公定歩合を引き上げて貸出しを減らす→通貨量が減る。

B　不況時は，公定歩合を引き下げて貸出しを増やす→通貨量が増える。

預金準備率操作では，

C　景気過熱時は，準備率を上げて市中金融機関から通貨を吸い上げる→通貨量が減る。

D　不況時は，準備率を下げて市中金融機関に通貨を残す→通貨量が増える。

公開市場操作では，

E　景気過熱時は，国債等を売却して市場から通貨を吸収する→通貨量が減る。

F　不況時は，国債等を買い上げて市場に通貨を供給する→通貨量が増える。

したがって，**2**が正答である。

☞確認しよう ➡公定歩合操作，公開市場操作，預金準備率操作 **正答 2**

2 日本銀行が持つ3つの機能に関する基礎的な問題。それぞれの機能を正しく理解しているかがカギ。

A × 日本銀行は政府や市中銀行へは資金貸付けを行うが，「一定規模以上の企業」には貸付けは行わない。

B ○ 日本銀行の「銀行の銀行」といわれる役割である。

C × 消費税の設定は，政府の役割である。

D ○「発券銀行」という役割である。

E ○「政府の銀行」という役割である。

したがって，**5**が正答である。

☞確認しよう ➡日本銀行の3つの機能 **正答 5**

第2章 経済

③ 現金通貨の種類，貨幣の機能，直接金融と間接金融など，金融に関する用語を正しく理解しておくことが大事。

1 × マネーストックとは，法人，個人，地方公共団体などが持っている通貨量のこと。日本銀行が発行するのは紙幣（日本銀行券）で，政府が発行するのは硬貨（補助貨幣）である。

2 ◎ 正しい。価値貯蔵，価値尺度機能のほか，交換（決済）機能を持つ。

3 × 需要量が供給量よりも大きい（＝資金を借りたい人が多い）とき，金利は上がる。逆に資金の需要量が供給量よりも小さい（＝資金を借りたい人が少ない）とき，金利は下落する。

4 × 「企業が株式や社債を発行して必要な資金を調達すること」は，直接金融の説明である。間接金融は，銀行などの金融機関を介して間接的に資金の融通を行うこと。

5 × 前半の記述内容は正しい。物価の上昇や下落によって，名目金利は実質金利より高くなったり低くなったりする。物価が上昇（インフレ）しているときは名目金利が実質金利より高くなり，物価が下落（デフレ）しているときは名目金利が実質金利より低くなる。

☞**確認しよう** ➡貨幣の機能，金融の種類，名目金利と実質金利　　　　**正答** 2

④ 日本銀行（日銀）は，わが国の金融制度の中心的な機関として存在する銀行である。本問は日本銀行の機能と3つの金融政策の知識の有無がポイントである。

■日本銀行の3つの金融政策

公定歩合操作

　公定歩合は，日本銀行が市中銀行に貸し出す資金の利子率（金利）のことで，これを上下させることによって通貨量を調整する。

公開市場操作

　市中金融機関と有価証券を売買して通貨の量を調節する。

預金（支払）準備率操作

　市中銀行の預金から一定の割合（準備率）を日本銀行に預金させ，通貨量を調節する。

A○ 日本銀行が持つ「発券銀行」「銀行の銀行」「政府の銀行」という3つの機能が述べられている。

B○ 日本銀行政策委員会は，日本銀行総裁，副総裁2名および審議委員6名で構成される。また，金融政策決定会合は月に1〜2回開催され，会合の決定事項は公表される。

C× 日本銀行が行う3つの金融政策（公開市場操作，公定歩合操作，預金準備率操作）の説明は正しい。かつては公定歩合操作が金融政策の中心であったが，現在では公開市場操作が政策手段の中心となっている。

D× 景気が過熱気味のときは，買いオペレーションではなく，売りオペレーションを行い，市場の資金を吸収して金利を上げる。

　　　したがって，**A**と**B**が正しいので，**1**が正答。

（☞確認しよう）➡日本銀行の機能と金融政策　　　　　　　　　　**正答 1**

⑤ 企業の資金調達方法と銀行による信用創造についての知識がカギである。

A 株式や社債を発行して投資家から資金を調達する方法で，直接金融という。リスクは投資家が負う。

B 銀行から融資を受ける方法で，間接金融という。リスクは銀行が負う。

C 銀行が預金者の引出しに備えて保有しておく現金のことで，**支払準備金**という。

D 銀行はその組織全体として見た場合，一定の現金準備に対してその何倍もの預金を創出できる現象で，**信用創造**という。仮に甲という銀行が100万円の預金を受け入れたとする。甲銀行は支払準備率を20％とすれば20万円を支払準備金として保有し，残りの80万円を貸し出す。貸出しを受けたS社が80万円をT社に支払い，T社が乙銀行に預金をすると，乙銀行は16万円を支払準備金として保有し，64万円を貸出しに回す。最初の100万円の預金が，この時点で甲乙合わせて324万円の預金額（預金180万円，貸出金144万円）になる。これが信用創造である。

したがって，**5**が正答である。

☞**確認しよう** ➡直接金融と間接金融，支払準備金，信用創造　　　　　正答 **5**

⑥ 日本銀行は不況時にどのような金融政策を行っているかが問われている。通貨供給量の増加につながる政策が解法のカギ。

日本銀行の金融政策として，不況時には，資金（**ア**）供給オペレーション（買いオペレーション）を行い，金融市場の資金量を（**イ**）増やし，政策金利を（**ウ**）低めに誘導することで，企業への貸出金利も（**エ**）低下し，経済活動が活発化する。

したがって，**4**が正答となる。

☞**確認しよう** ➡不況時に行う日本銀行の金融政策　　　　　　　正答 **4**

⑦　好況時と不況時の財政・金融政策についての問い。市中に出回る通貨量をどうするか，また新たな仕事を創出するかどうかがポイント。

1 ×　不況時には，財政支出を増大する（→公共事業の拡大などで，雇用・通貨量を増やす）ことで景気を刺激する。

2 ×　好況時には，増税を実施する（→税収を上げて，通貨量を減らす）ことで景気の過熱を抑制する。

3 ×　不況時には，公定歩合を引き下げる（→貸出金を増加し，通貨量を増やす）ことで景気を刺激する。

4 ◎　正しい。好況時には，売りオペレーションを実施する（→通貨を吸収し，減らす）ことで景気の過熱を抑制する。

5 ×　好況時には，預金準備率を引き上げる（→銀行の手持ち金を少なくし，通貨量を減らす）ことで景気の過熱を抑制する。

☞確認しよう　➡財政政策（支出の増減）と金融政策（公定歩合の引上げ・引下げ，売りオペレーションと買いオペレーション，預金準備率の引上げ・引下げ）

正答 4

⑧　デフレとはどのような現象をさすのかを押さえ，金融面（通貨量）の政策を考えていく。

　デフレーションとは，通貨流通量が少なくなり貨幣価値が上がって，物価が継続的に下落することをいう。これを抑えるには，通貨の流通量を増やす必要がある。そのためには，公定歩合を引き下げ（公定歩合操作），公債などを買い上げ（買いオペレーション［公開市場操作］），預金準備率を引き下げる（預金準備率操作）政策がとられる。

　よって，正答は**3**。

☞確認しよう　➡デフレ時の金融政策は通貨の流通量を増やす

正答 3

⑨ 好況と不況の局面で，どのような経済動向があるのかを考えることが解法の
カギとなる。

1✕ 景気が回復すると所得が上昇し，それに伴って物価も上がる。

2◎ 正しい。

3✕ 景気後退期には利子率を下げて借りやすくする。

4✕ 国内需要が最大となるのは，景気回復期である。

5✕ 企業の設備投資は，景気回復期に活発になり，好況時に最大となる。

☞**確認しよう** ➡景気循環の4局面（好況→後退→不況→回復）　　**正答** 2

⑩ 景気循環の4つの型の名称と周期を暗記しておこう。発生要因の違いにも注
意。

A○ コンドラチェフの波は，技術革新などを要因とする50年から60年の
周期を持つ景気循環で，長期波動ともいう。

B✕ ジュグラーの波は，設備投資の変動を要因とし，約10年を周期とす
る。中期波動ともいう。

C✕ クズネッツの波は，住宅建築の動きなどを要因とし，約20年の周期
を持つ。「建設循環」ともいう。

D○ キチンの波は最も短い周期の波であり，短期波動のほか，在庫（投
資）循環，小循環ともいう。

したがって，**3**が正答である。

☞**確認しよう** ➡キチンの波，ジュグラーの波，クズネッツの波，コンドラチェフの波

正答 3

11 インフレーションの種類さえ知っていれば，容易に解答できる。

1 ✕ 企業と消費者の間で取り引きされる財の物価は消費者物価指数であり，消費者が購入する財・サービスの価格変動を測る指数である。企業物価指数は企業間で取り引きされる財の物価に関する指数である。なお，消費者物価指数は総務省，企業物価指数は日本銀行が公表している。

2 ✕ インフレーションは貨幣の実質価値を下げることから，債権者の負担は重くなる一方，債務者の負担は軽くなる。

3 ◎ 正しい。インフレーションによって物価が上昇していても，金融資産や貯蓄などの金額は変わらず，それらの増加は金利に依存しており，金利の上昇が物価上昇と同じように行われなければ目減りすることになる。年金や生活保護の支給額なども同様で，物価上昇率に連動して支給額が増加しない限り，これまでと同じ消費水準を維持することができず，打撃を受けることになる。

4 ✕ ディマンド・プル・インフレーションの説明である。

5 ✕ コスト・プッシュ・インフレーションの説明である。

☞確認しよう ➡インフレーションの種類　　　　　　　　　　**正答 3**

12 「不況」と「物価が上昇する状態」が同時に発生する現象を表す用語である。

1 ✕ インフレーションは，通貨の流通量が増えて貨幣価値が下がり，物価が継続的に上がる現象をいう。

2 ✕ デフレーションは，通貨の流通量が減って貨幣価値が上がり，物価が継続的に下がる現象をいう。

3 ✕ コンプライアンスは，法令遵守という意味。企業は法令や規則，さらには社会規範を守ることが社会に求められている。

4 ✕ デリバティブは，従来の金融商品（為替，債券，株式など）から派生した金融取引のこと。金融派生商品ともいう。先物取引，オプション取引，スワップ取引などがある。

5 ◎ 正しい。

☞確認しよう ➡スタグフレーション　　　　　　　　　　**正答 5**

(13) デフレーション発生の原因やデフレーションが悪化した現象についての知識がポイント。

1 × 円安ドル高は輸入物価を上昇させるので，デフレーションではなく，インフレーションの要因となる。

2 × デフレーションは物価が下がる現象である。それは貨幣価値が上がることを意味し，購売力は高まる。固定収入生活者にとっては有利な状況である。

3 × 通貨供給量が過剰に増加すると，それに伴い物価も上がり，デフレーションではなく，インフレーションを引き起こすおそれが生まれる。

4 ◎ 正しい。**デフレ・スパイラル**とは，デフレーションの悪循環である。

5 × スタグフレーションは，スタグネーション（景気停滞）とインフレーションの合成語である。

🖝 **確認しよう** ➡ デフレーションとデフレ・スパイラル　　　　　**正答 4**

(14) インフレーション発生の原因と，インフレーションのメリットとデメリットがカギ。

1 × 賃金や原燃料価格の上昇が原因となって生産費が上昇して発生するインフレーションを，**コスト・プッシュ・インフレーション**という。

2 × 「通貨の過剰発行や有効需要の増大がもたらすインフレーション」は，**ディマンド・プル・インフレーション**という。

3 ◎ 正しい。

4 × 「円安になることで輸入品の価格が上昇する」と，国内製品の価格も上昇することで，インフレーションが発生する。

5 × 記述内容はデフレ・スパイラルのことである。スタグフレーションとは，不況下にもかかわらず，インフレーション（物価上昇）が進むことをいう。

🖝 **確認しよう** ➡ コスト・プッシュ・インフレーション，ディマンド・プル・インフレーション　　　　　**正答 3**

15 物価の変化と国民経済の関係についての総合的理解が問われている。

1 × 国内総生産はフローの代表的な指標であり，フローは一定期間（通常1年間）に生み出される付加価値の量を示したものである。一方，ストックは国富を表す指標で，貨幣量や資本量，労働者数などが代表的な指標である。

2 × 一定期間内に生み出される付加価値の合計とは国内総生産（GDP）のことである。また，GDPは国内の総生産額から中間生産物の金額を差し引いたものであることから，中間生産物の金額が増えるとGDPすなわち，付加価値の合計は小さくなる。

3 ◎ そのとおり。実質GDPの変動を実質経済成長率，名目GDPの変動を名目経済成長率とよび，それぞれの成長率は下式で表される。

名目経済成長率（％）＝（今年の名目GDP －去年の名目GDP）÷去年の名目GDP×100

実質経済成長率（％）＝（今年の実質GDP －去年の実質GDP）÷去年の実質GDP×100

4 × 消費者物価指数は全国の消費者が購入する財・サービスの価格の変動を指数化したものであり，コンビニエンスストアの商品だけではなく，市場に出回っているさまざまな財・サービスの価格の変動が調査され，その調査に基づいて算出されている。また希望小売価格との関係にかかわらず，販売価格が上昇すると，消費者物価指数も上昇することになる。

5 × デフレーションとは，継続的に物価が下落している状況であり，景気が低迷して需要が減少し，消費や投資の抑制により発生する。これが続くと，収益の悪化した企業は生産削減を行い，さらなる物価下落を招くデフレ・スパイラルをもたらす。なお，デフレ下では預貯金の実質価値は上昇する。

☞確認しよう ➡インフレーションとデフレーション

正答 3

テーマ4 財政政策と租税制度

重要度

重要問題

わが国の租税や財政に関する記述として最も妥当なのはどれか。

【国家一般職／税務／社会人・平成30年度】

1 一般会計は，社会保障や公共事業などの幅広い目的で支出を行い，税を財源にしなければならない。また，特別会計は，第二の予算とも呼ばれ，公債を財源としなければならない。

2 財政の資源配分の機能とは，累進的な税制や生活保護などの社会保障給付によって，高所得者から生活が困難な人々に所得を配分することで，所得の平等化をはかることである。

3 財政の自動安定化装置とは，景気の動向に左右されにくく，安定した税収を得られる仕組みのことをいい，代表的なものとして固定資産税や相続税が挙げられる。

4 裁量的財政政策を採ると，不況期には増税を行い，財政支出を増やすことで有効需要を拡大し，好況期には減税を行い，財政支出を減らすことで有効需要を抑制する。

5 消費税は，所得にかかわらず消費額に一律の税率を適用するため，低所得者ほど所得に対する税負担の割合が高くなるという逆進性がある。

解説

財政の3機能について，具体的施策とセットでの知識が要求されている。

1 ✕ 一般会計は税と公債が財源となっており，令和2年度当初予算（約102.7兆円）でみると，税収63.5兆円，公債金32.6兆円となっている。一方，特別会計は令和2年度当初予算（約392.6兆円）でみると，公債金および借入金（162.8兆円），一般会計からの受入（55.3兆

円），保険料および再保険料収入（46.4兆円）が財源となっている。また，第二の予算と呼ばれているのは財政投融資である。

2 × 本肢は資源配分の機能ではなく，所得の再分配機能についての説明である。資源配分の機能とは，資源配分の効率性の確保（市場の失敗の是正）で，具体的には，道路や公園，消防，警察といった民間では供給困難な公共財を政府が供給することである。

3 × 財政の自動安定化装置は景気の動向を安定させるものであり，安定した税収を得る仕組みというわけではない。たとえば所得税や相続税のような累進課税制度は自動安定化装置の代表例であるが，所得税の場合，景気が良く，高所得になるほど税負担が増え，逆に景気が悪く，低所得になるほど税負担が減るという仕組みになっている。なお，固定資産税は標準税率が1.4%で一定である。

4 × 裁量的財政政策はフィスカル・ポリシーとも呼ばれ，景気の安定をはかるため，財政支出や税制を調整するものである。不況期には減税を行い消費や投資を促進させ，また，財政支出を増やして公共事業を増やすことで，有効需要を拡大させることになる。逆に，好況期には増税を行って消費や投資を減退させ，また，財政支出を減らして公共事業を減らすことで，有効需要を縮小させることで景気の過熱を抑える。

5 ◎ そのとおり。なお，消費税は，所得税に比べ税収の安定性が見込めるという特徴を有する。

☞確認しよう ➡財政の3機能，所得税，消費税　　　　　　　　　　正答 **5**

FOCUS

　財政の3機能は，ミクロ経済学の市場の失敗の対策にもなるので，しっかり学習しておくこと。また，税制は最低限，所得税と消費税の違いと主な特徴については整理しておくこと。

要点の まとめ

重要ポイント ❶ **財政政策の種類**

財政とは，政府の行う経済活動のことである。ビルトイン・スタ
ビライザーと関連して問われるフィスカル・ポリシーに要注意。

①フィスカル・ポリシー

　　補整的財政政策。景気の動向に合わせて弾力的に財政規模を伸縮させ，
総需要を補整する政策。ビルトイン・スタビライザーとともに，経済の安
定化機能の一つ。ケインズ理論に基づくものであるが，効果が必要とされ
るときに機能しない欠点が指摘されている。

②スペンディング・ポリシー

　　呼び水政策。不況期における財政支出（公共投資・公共事業の拡人）を
きっかけに民間投資の活発化を促す政策。

③ポリシー・ミックス

　　金融・財政政策を中心に複数の政策を組み合わせた政策。

重要ポイント ❷ **財政法と国債**

財政法では，インフレへの危険性から日銀引受けの公債発行を禁
じている。財政法では4条と5条が，国債では赤字国債と建設国
債がよく出題される。

■財政法
- 財政法4条1項⇒原則として公債の発行を禁止。赤字国債の発行禁止。
　　　　　　　但書⇒建設国債の発行を認めている。
- 財政法5条⇒日銀引受けの形での国債発行を禁止（市中消化の原則）。

■赤字国債と建設国債
- 赤字国債：一般会計の歳入不足を補うための国債。1975（昭和50）年か
　　　　　　ら特例法に基づき特例公債として発行されている。
- 建設国債：公共事業などのために発行される公債。一般会計の歳入不足を
　　　　　　補うためではないことに注意。1966（昭和41）年から発行さ
　　　　　　れている。

重要ポイント❸ 財政投融資

財政投融資とは，国が制度や信用によって集めた資金を財源として，政策的に必要な大規模な事業に投資したり融資したりする財政活動のことである。財政投融資の資金のことを原資というが，その原資について問われることが多い。

- 原資：政府が発行する財投債や政府関係機関が発行する財投機関債により調達した資金を財源とする。かつては大蔵省（財務省）資金運用部が郵便貯金や厚生年金・国民年金積立金等を運用して原資としていたが，2001年度の財投改革により資金運用部への預託制度が廃止された。
- 活動分野：中小企業・農林水産業，教育（有利子奨学金の貸与事業等），福祉・医療（各種施設および病院等の整備），社会資本（空港，高速道路，都市再開発）など。

重要ポイント❹ 租税制度（直接税と間接税）

直接税と間接税の違いについてよく出題される。それぞれどのような税金があるのかを確認しよう。

- 直接税：納税者と税負担者が一致する税金。長所は垂直的公平（租税負担能力の大きい者がより多く負担する）が図れること。
- 間接税：納税者と税負担者が異なる税金。低所得者ほど負担率が高い。長所は水平的公平（租税負担能力が同じ者は等しく負担する）が図れること。
- 直間比率：税収に占める直接税と間接税の比率。近年の日本の直間比率（国税と地方税の合計）はおよそ67：33となっている。

	国税	地方税
直接税	所得税，法人税，相続税，贈与税，地価税など	住民税，固定資産税，事業税など
間接税	消費税，酒税，たばこ税，印紙税，関税など	地方たばこ税，地方消費税など

※**累進税**……所得税，相続税，贈与税　※**比例税**……法人税，固定資産税

① 経済の仕組みに関する記述として最も妥当なのはどれか。

【中途採用者・平成19年度】

1 完全競争市場では，需要と供給が自然に調整されて均衡に向かい，均衡需給量と均衡価格が定まる。この市場の自動調整作用をイギリスの経済学者ケインズは，神の「見えざる手」の働きと呼んだ。

2 財政政策は，資源配分，所得の再分配，景気変動の調整の3つの機能で経済に影響を与える。そのうち景気変動の調整機能とは，財政支出によって供給された公共財・サービスが経常収支を自動的に調整することである。

3 寡占市場では，生産性の低い中小企業がプライスリーダーとなり，また，公害などの外部不（負）経済が生じることから，価格の下方硬直性が起きやすい。このような市場では価格の自動調整作用が阻害され，デフレーションが起きやすい。

4 国民所得は一国の経済の規模を表すもので，各産業が新たに生産した付加価値の合計，生産した付加価値を給与などの形で分配した合計，家計・企業・政府が支出した消費・投資の合計の3つの面からとらえられ，これらの額は理論的には等しくなる。

5 日本銀行は経済の成長と安定を図るために，金融政策として公定歩合操作，公開市場操作，預金準備率操作を行う。そのうち公定歩合操作とは，市中金融機関の預金を一定の割合で預かり，その資金量を増減させることである。

② わが国の予算に関する記述として，最も妥当なのはどれか。

【東京消防庁・平成28年度】

1 一般会計，特別会計，政府関係機関予算からなる国の予算は，内閣が編成し，国会で審議・議決されると，政府の各省庁が執行する。

2 財政の健全性を測る尺度である基礎的財政収支は，一般会計の歳入・歳出の国債にかかわる部分も含めて算定される。

3 経済情勢の変化や天災により当初予算を変更することを補正予算といい，内閣が決定すれば，国会の議決は必要ない。

4 特別会計は，特定の収入を財源として特定の事業を行うために法律で設けられた会計であるため，会計年度は1年間ではない。

5 財政投融資は，国が集めた資金を融資・投資する制度であり，2001年以降に急増して一般会計の半分の規模となっている。

第2章

経済

3 財政に関する記述として最も妥当なのはどれか。

【国家一般職／税務／社会人・平成26年度・改題】

1 累進課税制度と社会保障制度が一般化した現代の財政には，財政制度そのものに景気変動を緩和する仕組みが組み込まれている。この仕組みのことをプライマリー・バランスという。

2 わが国の予算は一般会計と特別会計からなっている。特別会計は特定の目的を実現するためのもので，税金の使い道がわかりやすい。このため，政府は一般会計の見直しを行い，平成18年度には15会計あった特別会計を増やし，令和2年度で31会計となった。

3 わが国の一般会計歳入に占める国債の割合である国債依存度については，平成4年度に初めて赤字国債が発行されてから徐々に増加し続け，令和2年度には約25％となった。

4 租税は，税負担者と納税者が同一である直接税と，税負担者と納税者が異なる間接税に大別できる。わが国では，所得税や法人税は直接税に，消費税やたばこ税は間接税に分類される。

5 わが国では，消費税が昭和63年の税制改革によって導入されたが，平成26年，導入されて以来初めて，高齢化社会における社会保障の財源にするため，税率が引き上げられた。

4 財政の役割に関する記述として，妥当なのはどれか。【東京都・令和2年度】

1 財政とは政府の経済活動をいい，資源配分の調整機能と景気調整機能の2つの機能を果たしているが，所得再分配の機能は果たしていない。

2 景気調整機能の1つである裁量的財政政策には，不況期には緊縮財政を行い，景気過熱期には積極財政を行うビルト＝イン＝スタビライザーがある。

3 財政の自動安定化装置であるフィスカル＝ポリシーは，金融政策と組み合わせることで，一時的に経済安定化の機能を果たすことがある。

4 政府や地方公共団体が提供し，不特定多数の人々が利用する財やサービスが公共財であり，資源配分の調整機能が発揮される代表例である。

5 第二の予算と呼ばれる財政投融資計画は，現在では，郵便貯金や年金積立金から義務預託された資金を原資として，地方公共団体に長期貸付を行っている。

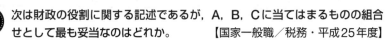

5 次は財政の役割に関する記述であるが，A，B，Cに当てはまるものの組合せとして最も妥当なのはどれか。　【国家一般職／税務・平成25年度】

　政府は，公共的な目的を達成するため財政政策を行う。財政政策の目的にはいくつかあるが，所得の再分配のためには，高額所得者から（　**A**　）によって多くの税金を徴収し，生活が困難な者に生活保護などの社会保障による給付を行うなどしている。また，景気の安定化のために，政府は収入と支出の活動を手段として用いており，たとえば，不景気になると減税を行ったり公共事業を増やしたりするが，このような財政政策は（　**B**　）と呼ばれる。

　さらに，今日は，財政政策と金融政策や為替政策を組み合わせた（　**C**　）をとることが要請されている。

	A	B	C
1	累進課税	フィスカル・ポリシー	ポリシー・ミックス
2	累進課税	ビルトイン・スタビライザー	ポリシー・ミックス
3	累進課税	ビルトイン・スタビライザー	フィスカル・ポリシー
4	逆進課税	フィスカル・ポリシー	ビルトイン・スタビライザー
5	逆進課税	ビルトイン・スタビライザー	フィスカル・ポリシー

6 わが国の公債に関する記述として，最も妥当なのはどれか。
【警視庁・令和元年度・改題】

1 財政法は公債の発行について，日本銀行が公債を直接引き受けることを原則として禁止する旨を定めており，これを市中消化の原則という。

2 一般会計のうち，建設公債を発行しても不足する財源を補うための公債は特例公債（赤字国債）と呼ばれ，法律の制定を必要とせず，国会の議決により必要額が決められる。

3 公債による経費の調達は，法律上，例外的に認められたものであるため，国による国債の発行は認められているが，地方公共団体による地方債の発行は認められていない。

4 復興債とは，東日本大震災からの復興に必要な財源を確保するために発行される公債のことであり，2011年度以降毎年発行されている。

5 令和2年度末時点でのわが国の国債残高は約1200兆円程度であり，歳出における国債費の膨張が他の予算を圧迫して財政の硬直化が起こるという問題がある。

次のグラフは，わが国の公債依存度，公債残高，租税負担率，国民負担率を
それぞれ表したものであるが，グラフA〜Dはそれぞれ何を表しているか。
下記のうち，正しい組合せを選べ。　　　　　【地方中級・平成14年度・改題】

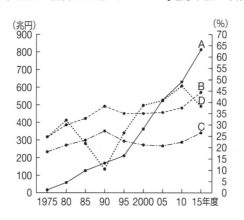

	A	B	C	D
1	公債残高	租税負担率	国民負担率	公債依存度
2	公債残高	国民負担率	租税負担率	公債依存度
3	租税負担率	公債依存度	公債残高	国民負担率
4	国民負担率	公債残高	公債依存度	租税負担率
5	公債依存度	国民負担率	租税負担率	公債残高

8 わが国の国税に関する次の記述のうち，妥当なのはどれか。

【地方初級・平成27年度・改題】

1 所得税および法人税は間接税である。

2 日本の所得税は，所得水準が高くなるほど高い税率が課せられる累進課税と
なっている。

3 近年の所得課税・消費課税・資産課税等の税収構成比を見ると，税収に占める
消費課税の割合は6割を超えている。

4 2020年1月段階で，日本の消費税率はイギリス，ドイツ，フランスにおける
付加価値税（日本の消費税に相当）の標準税率よりも高い。

5 安倍内閣の経済政策であるアベノミクスによって法人税が引き上げられた。

⑨ わが国の財政と租税に関する記述として，妥当なのはどれか。

【東京都・平成26年度】

1 財政投融資は，「第二の予算」とも呼ばれ，郵便貯金，国民年金および厚生年金の積立金から義務預託された資金を主な原資としている。

2 政府は，大幅な税収不足が生じた場合，財源を調達するため，特別立法によらず赤字国債を発行することが，財政法上認められている。

3 租税は，直接税と間接税とに区分され，このうち直接税は，納税者と税負担者が同一の税をいい，例として所得税や法人税が挙げられる。

4 租税収入に占める直接税と間接税の割合は，消費税の導入以降，間接税の割合のほうが高くなっている。

5 消費税は，負担の垂直的公平を図るうえで優れた機能があり，所得税は，累進課税制度によって負担の水平的公平を図るうえで優れた機能がある。

⑩ わが国の租税に関する記述として，妥当なのはどれか。

【特別区・令和元年度】

1 租税には，国に納める国税と地方公共団体に納める地方税とがあり，国税には所得税や相続税，地方税には自動車税や市区町村民税がある。

2 消費税は，所得にかかわらず消費額に一律に課税されるため，高所得者ほど所得に占める税負担の割合が重くなるという逆進性の問題がある。

3 租税には，納税者と税負担者が同一である直接税と両者が異なる間接税とがあり，直接税には法人税，間接税には贈与税がある。

4 戦後の日本は，シャウプ勧告に基づき，消費税やたばこ税等の間接税を中心とした税制である。

5 租税には，公平性の基準として，所得の多い人ほど多くを負担する水平的公平と，同じ所得額の人は等しい負担をする垂直的公平の考え方がある。

1 経済の仕組みに関する広範な問いである。特に国民所得についての正確な知識がポイントとなる。

1 ✕ 市場の自動調整作用を「神の『見えざる手』の働きと呼んだ」のは，ケインズではなく，アダム・スミスである。

2 ✕ 財政政策による景気変動の調整の中心は，財政支出の増減である。財政支出によって供給された公共財・サービスは，資源配分に関係する。なお，所得の再分配は，課税の増減をさす。

3 ✕ 「寡占市場」では，生産性の高い大企業が**プライスリーダー**となる。また，寡占市場と外部不経済は直接関係しない。デフレーションは供給が需要を超過することが主因で，寡占市場では起きにくい。

4 ◎ 正しい。国民所得の三面等価の原則である。

5 ✕ 後半の説明は，**預金準備率操作**についてである。**公定歩合操作**とは，日本銀行の市中金融機関への貸出金に適用する金利の操作をいう。現在は短期金融市場の金利に代わっている。

👉**確認しよう** ➡国民所得の定義と三面等価　　　　　　　**正答 4**

2 わが国の予算の議決，基礎的財政収支，特別会計，財政投融資の基礎的な知識が必要である。予算の推移も押さえておくこと。

1 ◎ 正しい。

2 ✕ 基礎的財政収支（プライマリー・バランス）は，国債にかかわる歳入・歳出を除いて算定される。

3 ✕ 前半の記述は正しいが，補正予算は内閣が作成したものを国会で審議し，議決する。

4 ✕ 前半の記述は正しいが，特別会計の会計年度は一般会計と同じく1年間とされる。

5 ✕ 財政投融資は，かつては一般会計の半分に迫る額であったが，財政投融資改革により2001（平成13）年度以降，その規模は年々縮小し，2008（平成20）年度は当初ベースでピーク時の約3分の1にまでスリム化した。その後はリーマンショックで増加したものの，2019（令和元）年度まで，横ばいで推移している。

👉**確認しよう** ➡予算の決議，基礎的財政収支，財政投融資　　**正答 1**

③ 財政に関する用語の知識が問われている。財政の機能，予算の種類などとともに，わが国の財政事情も押さえておくこと。

1✕ ビルトイン・スタビライザー（景気の自動安定化装置）の説明である。プライマリー・バランスとは基礎的財政収支のことで，国債収入を除いた歳入と国債費を除いた歳出との比較をさす。

2✕ 特別会計は，2006（平成18）年度まで31あったものが，統廃合によって2011（平成23）年度で17となった。2020（令和2）年度は13の特別会計が設置されている。

3✕ 赤字国債が初めて発行されたのは1975（昭和50）年度である。近年の国債依存度は2010（平成22）年度の51.5％をピークに減少傾向にあったが，新型コロナ感染症の影響により，2020（令和2）年度は56.3％（第2次補正後予算）の見込みとなっている。

4◎ 正しい。

5✕ 消費税は1989（平成元）年に初めて導入され，1997（平成9）年に3％から5％に，2014（平成26）年には8％，2019（令和元）年には10％と，税率が3度引き上げられた。

⇨確認しよう ➡ビルトイン・スタビライザー，特別会計，直接税と間接税

正答 **4**

④ 財政の3機能について，具体的施策とセットで整理できていれば，容易に解答できる。

1✕ 財政には，資源配分の調整機能と景気調整機能に加え，所得再分配の機能も果たしている。なお，これらを財政の3機能という。

2✕ 裁量的財政政策は，不況期には積極財政を行い，景気過熱期には緊縮財政を行う。ビルト・イン・スタビライザーは自動安定化装置ともよばれ，財政制度自体に組み込まれている，景気を自動的に安定化させる装置のことで，代表例として累進課税制度が挙げられる。

3✕ 財政の自動安定化装置はビルト・イン・スタビライザーのことである。フィスカル・ポリシーは裁量的財政政策で，金融政策と組み合わせる政策はポリシー・ミックスと呼ばれる。

4 ◎ そのとおり。なお，公共財とは，消費の非競合性と排除不可能性をともに有する財のことをいい，それゆえ，現実には政府や地方公共団体が提供する。

5 ✕ 財政投融資計画は，かつては郵便貯金や年金積立金から義務預託された資金を原資として，地方公共団体に長期貸付を行っていたが，現在では，郵便貯金・年金積立金の預託義務は廃止され，金融市場において自主運用されている。

☞**確認しよう** ➡財政の3機能，財政投融資

正答 4

---

⑤ 財政とは，国や地方公共団体が歳入・歳出を通じて，国民や住民に公共サービスを提供する一連の経済活動のこと。本問は財政の機能を中心とした問題で，景気調節機能が解法のカギである。

A 高額所得者に高い税を課すことは，**累進課税**と呼ばれる。高額所得者から多くの税を徴収し，それを生活保護などの社会保障を通じて低所得者に再分配する（所得の再分配機能）。

B 不況期に減税を行ったり公共事業を増やしたりする財政政策を，**フィスカル・ポリシー**（裁量的財政政策）という。景気の動向に合わせて財政支出や税の増減を行う政策で，好況期には政府支出を抑え，増税を行う。

C 財政政策と金融政策などを組み合わせた政策は，**ポリシー・ミックス**である。

なお，ビルトイン・スタビライザー（自動安定化装置）とは，財政制度自体に組み込まれている，景気を自動的に安定させる装置のことである。

したがって，**A**は累進課税，**B**はフィスカル・ポリシー，**C**はポリシー・ミックスであるから，**1**が正答。

☞**確認しよう** ➡財政の役割（累進課税，フィスカル・ポリシー，ポリシー・ミックス）

正答 1

参考 ビルトイン・スタビライザー税収や社会保障費の自然増減によって，景気が自動的に調整される機能。累進課税制度や失業保険制度，農産物価格安定制度などがその代表例である。

6 国債の仕組みについて理解できていれば，容易に解答できる。

1◎ 正しい。なお，市中消化の原則には例外が認められている。特別の事由がある場合において，国会の議決を経た金額の範囲内で認められているものとして，乗換えがある。

2✕ 後半部分の記述が誤り。財政法上は，建設国債以外の発行は禁止されている。歳入不足が見込まれる場合は，単年度立法（特例法）に基づき特例国債（赤字国債）を発行することとなる。

3✕ 地方公共団体も地方債を発行することができる。なお，地方債は，ア．公営企業に要する経費，イ．出資金・貸付金，ウ．地方債借換えのために要する経費，エ．災害応急事業費・災害復旧事業費，オ．公共・公用施設の建設事業費，に限定して起債が認められる。

4✕ 復興債は平成23年（2011年）度から発行されているが平成25年度および平成30年度は発行されていない。なお，令和2年度は9241億円の発行が予定されている。

5✕ 令和2年度末時点の公債（普通国債）残高は964兆円（見込み）である。なお，本肢にある約1200兆円は「国及び地方の長期債務残高」の数値である。

〔確認しよう〕➡国債の種類，国債発行の原則　　　　　　　　**正答** **1**

7 公債はここでは国の債務と考える。また，租税負担率と国民負担率では，後者のほうが常に高いことに気づくこと。

公債依存度とは，その年度の公債発行額を一般会計歳入額で割ったものである。税収が多ければ公債依存度は下がる。バブル経済期に急激に下がり，バブル崩壊後は急激に上がり，近年は再び下がっているので**D**。

公債残高は，公債が発行し続けられれば年々上昇する。**A**に該当。

租税負担率は，国民所得の額に対する租税の割合をいう。**国民負担率**は，国民所得に対する租税および社会保険料の割合をいう。つまり国民負担率は，租税負担率より社会保険料の負担分だけ高くなり，グラフの増減傾向はほぼ同じとなる。よって，租税負担率は**C**，国民負担率は**B**である。

以上から，正答は**2**。

☞**確認しよう** ➡国民負担率＝租税負担率＋社会保障負担率　　　　**正答** **2**

参考　公債依存度の推移（当初予算）
バブル経済期には10％程度だったが，それ以降は高まり，2003（平成15）年度の実績値は44.6％にのぼった。その後財政再建路線とともに改善し，2008（平成20）年度は30.5％まで下がったが，リーマン・ショック後の景気低迷などの影響で税収が落ち込み，2010（平成22）年度は48.0％と戦後最悪を記録した。近年は下がりつつあったが，新型コロナ感染症により2020（令和2）年度は56.3％（第2次補正後予算）へと急騰した。

⑧ 直接税と間接税の区分や所得税に関する基本的な知識がカギだが，わが国の税収構成比，主要国との消費税率の比較，安倍内閣の税制改革についての広い知識も必要である。

1✕ 所得税と法人税は，**直接税**である。直接税は納税者と税負担者が同じであり，**間接税**は納税者と税負担者が異なる。

2◎ 正しい。

3✕ 近年の税収に占める消費課税の割合は6割を超えていない。2020年度の税収構成比で消費課税が占める割合は42.9％であった。

4✕ 主要国の付加価値税の標準税率は，イギリスは20％，ドイツは19％，フランスは20％（2020年1月現在）。日本の消費税率は現在10％なので，イギリス，ドイツ，フランスよりも低い。

5✕ 安倍内閣は成長戦略の一環として法人税減税を進めている。近年の法人税率は，2012年度に30％から25.5％に引き下げられ，2018年度には23.2％にまで引き下げられている。

☞**確認しよう** ➡租税の分類，所得税，消費税，法人税　　　　**正答** **2**

9 財政投融資の原資，赤字国債，租税の種類に関する基本的な知識が問われている。直接税と間接税の区分がポイント。

1 ✗ かつては郵便貯金，国民年金および厚生年金積立金が，財政投融資の主な原資であったが，2001（平成13）年に財政投融資制度が改革され，必要な資金は財投債や財投機関債を発行して調達されることになった。

2 ✗ 赤字国債の発行は財政法により禁止されているが，特例法に基づいて特例公債として発行している。

3 ◎ 正しい。

4 ✗ 2017（平成29）年度実績額によると，直接税が7割弱，間接税は3割強で直接税のほうが高くなっている。

5 ✗ 消費税は税の負担の「**水平的公平**」をはかるうえで優れ，所得税は税の負担の「**垂直的公平**」を図るうえで優れているとされる。

☞確認しよう ➡財政投融資，赤字国債，直接税と間接税　　　　正答 **3**

10 わが国の租税制度と消費税についての理解が問われている。

1 ◎ 正しい。

2 ✗ 消費税には，高所得者ではなく，低所得者ほど税負担の割合が重くなる逆進性の問題が指摘されている。日本では2019年10月の消費税増税の際，食料品や新聞など特定の商品の消費税率は8％に据え置かれる軽減税率制度が導入された。

3 ✗ 後半の記述が誤り。贈与税は直接税である。間接税の代表例としては，消費税，酒税，たばこ税，とん税などが挙げられる。

4 ✗ 昭和初めの日本は酒税をはじめとする間接税中心の税制であったが，シャウプ勧告に基づき，戦後の日本は所得税を代表とする直接税中心の税制を採用した。

5 ✗ 水平的公平と垂直的公平の説明が逆である。ちなみに，所得税は垂直的公平，消費税は水平的公平に適している。

☞確認しよう ➡租税の分類，所得税，消費税　　　　正答 **1**

テーマ **5** 　日本の経済事情

重要度

重要問題

　わが国の戦後の経済状況に関する記述として，最も妥当なのはどれか。　　　　　　　　　　　　　　　　　　　　　　　【警察官・平成30年度】

1　1950年代の経済白書で記された「もはや戦後ではない」を目標に，戦後不況からの回復を目指したが，その後の朝鮮戦争により深刻なデフレーションに見舞われた。

2　1970年代前半に起こった，第一次石油危機の影響を受け，深刻なデフレスパイラルに直面した。

3　二度の石油危機の結果，1950年代から続いた高度経済成長期は終息し，日本経済は年5％弱の安定成長に転換した。

4　980年代半ばに，円高を是正するために各国による協調介入の合意がなされた結果，急激に円安が進み，輸出競争力が強まった。

5　1980年代後半に，大幅に増加した対米貿易赤字に対し，スーパー301条を成立させ，アメリカとの貿易不均衡の是正を図った。

解説

　高度経済成長期における各景気の順序と簡単な内容は頻出なので、しっかり整理しておくこと。

1✕　デフレーションは朝鮮戦争前のわが国の経済状況である。1950年から始まった朝鮮戦争によって，日本は朝鮮特需で好況となった。「もはや戦後ではない」と記されているのは1956年度の経済白書（現・経済財政白書）であり，朝鮮戦争後の好景気である神武景気における経済状況を踏まえて記されたものである。

2✕　第一次石油危機の影響でやってきたのは、デフレスパイラルではなく、狂乱物価および、その後のスタグフレーション（＝スタグネーション＋インフレーション）であり、景気が停滞している中で物価が

上昇している状態のことである。ちなみに、デフレスパイラルは1990年代後半に生じたもので、デフレーション（デフレ）によって物価が下落し、企業収益が悪化して賃金が減少し、消費が落ち込み、さらにデフレが進むといったものである。

3 ◎ 妥当である。なお、第一次石油危機のときは狂乱物価に直面したが、第二次石油危機の物価上昇率は第一次に比べ軽微であった。

4 × 1985年にG5（アメリカ、ドイツ〈当時は西ドイツ〉、フランス、日本、イギリス）において、為替市場への協調介入を通じてドル高を是正するプラザ合意が発表された。プラザ合意後、日本は急激な円高ドル安が進み、円高不況に直面した。

5 × スーパー301条とは、アメリカが1988年当時、貿易不均衡が顕著であった日本を主な適用対象として、1974年に定めた通商法301条を強化し、包括通商・競争力強化法としたものである。

☞**確認しよう** ➡高度経済成長期、石油危機、プラザ合意

正答 3

FOCUS

　高度経済成長期の特徴と1980年代の国際協調の内容把握は、本試験でも頻出である。後者は若干難しいが、これが後の平成バブル景気に繋がるのでしっかり整理しておくこと。

要点の まとめ

重要ポイント 1 戦後の日本経済

第二次世界大戦後の日本経済の成長過程を問う問題が多い。特に高度経済成長の要因については要注意。

①戦後の復興期（1945～55年）

＊GHQの経済民主政策：財閥解体，農地改革，労働改革。

＊ドッジ・ライン：戦後インフレ収束のための政策（1949年）。

　　　　　　　　　　1ドル＝360円の単一為替レートを実施。

＊シャウプ勧告：国税は直接税を中心とするなどの税制改革（1949年）。

②高度経済成長期（1955～73年）

＊高度経済成長の要因

　①民間設備投資の拡大

　②技術革新と優れた労働力

　③政府による税制面での優遇と積極的な産業保護政策

　④所得水準の向上など

＊「もはや戦後ではない」：1956年の経済白書。

＊石油危機：第一次（1973年）⇒狂乱物価，第二次（1979年）。

③安定成長期（1974～85年）

＊戦後初めて経済成長率がマイナスとなる（1974年）。

＊プラザ合意：ドル高是正のための協調介入により円高に（1985年）。

④バブル経済期以後（1986年～）

＊バブル景気：1986年12月から1991年2月まで。

＊バブル崩壊後：株価・地価の高騰，急激な円高，不良債権問題などにより景気回復が遅れ，平成不況が長期間継続。

＊いざなぎ超えの景気：2002年頃から景気が回復。2002年2月から2007年10月までの景気拡大は戦後最長。輸出依存型。

＊原油・原材料・穀物高で景気にかげり（2007～2008年）。

＊世界金融不況：2007年のアメリカ住宅バブル崩壊（サブプライムローン問題），2008年のリーマン・ブラザーズ破綻（リーマン・ショック）に端を発し，全世界へと波及。国内の雇用情勢が急速に悪化。

重要ポイント❷ 円高と円安

円高（例：1ドル120円→100円）は円の対外価値が高まることであり，円安はその逆である。貿易への影響がよく問われる。

	輸出	輸入
円高	不利	有利
円安	有利	不利

※円高は，日本人の海外旅行者には有利となる。また，国際収支の黒字が続くと，円高はさらに促進される。

 重要ポイント❸ 外国為替相場

自国と外国の通貨価値を交換する外国為替相場は，戦後，固定為替相場制であったが，1970年代に変動為替相場制へと移行した。それぞれの特徴と移行期における出来事が出題ポイントである。

固定為替相場制：1945〜71年のIMF体制下における為替相場制。
　　　　　　　　為替相場の変動を一定範囲内に限定し，安定化させる。
変動為替相場制：1973年以降の為替相場制。フロート制ともいう。
　　　　　　　　為替相場の変動を市場の需給関係に任せる。

 重要ポイント❹ 国際収支

国際収支とは，その国の居住者と非居住者との間で一定期間内に行われるあらゆる経済取引を体系的に記録したもので下記の式で表される。試験では，近年のわが国の経常収支動向がよく問われる。

国際収支＝経常収支＋資本移転等収支−金融収支＋誤差脱漏

<経常収支>国際的な財。サービス取引に関する収支で，下記から構成。
　貿易・サービス収支：財やサービスの貿易に伴う収支
　所得収支：第一次所得収支（直接投資収益，証券投資収益など）と第二次所得収支（官民の無償資金協力，寄付，贈与の受払など）に分類。
※わが国の貿易収支は2000年代後半以降黒字幅が縮小し，現在のわが国の経常黒字は，第一次所得収支に支えられている。

実戦問題

① 第二次世界大戦後のわが国の経済に関する記述として，妥当なのはどれか。

【警視庁・平成24年度】

1 荒廃した日本経済を立て直すため，政府は限られた資金や資材を，鉄鋼や石炭などの基幹産業に重点的に注ぎ込む傾斜生産方式を採用した。

2 戦後のデフレーションを収束させるため，1948年に占領軍は経済の安定をめざして経済安定9原則を示した。

3 占領軍はドッジ・ラインを実施し，補助金の増額や減税などによる赤字予算を組んで，経済の建て直しを図った。

4 1949年，GATT12条国から11条国に移行し，変動為替相場制を採用することにより貿易の振興をめざした。

5 1950年に朝鮮戦争が勃発すると，国内において物資やサービスの流通が滞るようになり，深刻な不況に陥った。

② わが国の1970年代の経済状況の説明として，最も妥当なのはどれか。

【東京消防庁・平成25年度】

1 1970年代の産業別の国内総生産に占める第三次産業の割合は減少の一途をたどり，経済のサービス化は進むことはなかった。

2 第一次石油危機による世界的な不況の影響により，為替相場は固定相場制から変動相場制へと移行した。

3 第一次石油危機により，企業は省資源・省エネに努め，素材産業から知識集約型の産業への転換を進めた。

4 1970年代後半，政府は不況対策のため建設国債を大量に発行したが，赤字国債が発行されることはなかった。

5 1973年の第二次石油危機以降，政府は総需要抑制政策で物価を沈静化させたが，不況となり，スタグフレーションに初めて直面した。

3 高度経済成長期以降のわが国の経済に関する記述として最も妥当なのはどれか。　【国家一般職／税務／社会人・平成28年度】

1 昭和30年以降40年代半ばまで，年平均の実質経済成長率は10％を超え，高度経済成長を遂げた。この間に産業の比重が，軽工業など第二次産業から重工業など第三次産業へと移行した。

2 昭和50年代の石油危機によって消費が低迷し，デフレーションと円高が同時に進行するスタグフレーションが起こった。その後，再び石油危機が起こり，不況が深刻化した。

3 昭和60年代以降，平成の初めにかけて，対米貿易を中心に輸出が拡大したことで，バブル経済が発生したが，ドル高是正のためのプラザ合意により，円高が進みバブル経済は崩壊した。

4 平成10年以降，郵政事業や日本電信電話公社の民営化，規制緩和の推進などの構造改革が行われた。その後，平成14年には実質経済成長率が5％を超えるなど景気が拡大した。

5 平成20年に，米国の投資銀行であるリーマン・ブラザーズが破綻し，それが引き金となり世界的な金融危機が発生した。これにより，わが国の実質経済成長率もマイナスとなった。

4 国際収支に関する記述として，妥当なのはどれか。　【東京都・令和2年度】

1 国際収支は一国の一定期間における対外経済取引の収支を示したものであり，統計上の誤差を示す誤差脱漏は含まれていない。

2 経常収支は，貿易収支，サービス収支，政府援助や労働者送金などの第一次所得収支，国際間の雇用者報酬や投資収益などの第二次所得収支からなる。

3 金融収支は，海外子会社等の設立に関する直接投資，株式や債券等の購入に関する証券投資，通貨当局が保有する外国通貨や金等の外貨準備に分類される。

4 海外から日本への直接投資があれば，日本の資産が増加するので金融収支の黒字要因となる。

5 日本の国際収支を見ると，1980年代以降，貿易収支およびサービス収支ともに長年黒字で推移し，これらを合計した貿易・サービス収支も黒字で推移している。

5 外国為替に関する記述として，妥当なのはどれか。

【東京都・平成26年度】

1 為替相場の決め方には，固定為替相場制と変動為替相場制があり，わが国においては，1980年代半ばのプラザ合意以降，変動為替相場制を採用している。

2 変動為替相場制では，為替レートは，貿易収支だけでなく，資本収支，物価水準や金利などによっても影響を受ける。

3 為替レートが円安・ドル高になると，日本製品の円建て価格が一定ならば，外国で購入する日本製品のドル建て価格は高くなる。

4 わが国の対米貿易黒字が続いていると，円をドルに交換しようとする動きが強まることから，為替レートは円安・ドル高になる傾向がある。

5 わが国においては，外国為替の決済は，政府が認可した外国為替銀行が独占的に行っている。

6 外国為替市場と為替レートに関する次の記述で，（ A ）〜（ E ）に当てはまる語句の組合せとして最も妥当なのはどれか。

【東京消防庁・平成30年度】

外国為替市場における自国通貨と外国通貨の交換比率を為替レートといい，現在の主要通貨の為替レートは，外国為替市場における通貨の需要と供給の関係によって決まる（ A ）となっている。

たとえば，1ドル＝200円が1ドル＝100円になると，（ B ）に対する（ C ）の価値が高まり，（ D ）となる。

日本の輸出が増加した場合，日本が獲得した（ B ）を外国為替市場で（ C ）に交換するため，（ C ）への需要が高まる一方，（ B ）への需要が減少するため，（ E ）になる傾向がある。

	A	B	C	D	E
1	固定相場制	円	ドル	円安・ドル高	円高・ドル安
2	固定相場制	ドル	円	円安・ドル安	円安・ドル高
3	変動相場制	円	ドル	円高・ドル安	円安・ドル高
4	変動相場制	ドル	円	円高・ドル安	円高・ドル安
5	変動相場制	ドル	円	円高・ドル安	円安・ドル高

実戦問題●解説

1 第二次世界大戦直後の日本の経済はアメリカとどのようなかかわりを持ち，復興していったのかがポイント。

1 ◎ 正しい。

2 × 経済安定9原則は，戦後の「インフレーション」の収束を図るため，占領軍が示したものである。

3 × 占領軍が提示した経済安定9原則を実現するため，1949年にドッジ・ラインが実施された。記述の「補助金の増額や減税」ではなく，補助金の削減，課税強化が行われた。その結果，インフレは収束されたが，中小企業の倒産が増え，深刻な不況に陥った。

4 × 1949年，日本は1ドル360円の固定為替相場制を採用した。1955年に日本はGATT12条国に加盟し，11条国に移行したのは1963年である。

5 × 朝鮮戦争は，アメリカ軍からの特需をもたらし，これをきっかけに日本は不況から脱出した。

☞確認しよう ➡戦後復興した日本経済　　　　　　　　　正答 **1**

2 二度にわたる石油危機による日本経済への影響が問われている。1970年代の主な出来事といつ起きたのかに着目する。

1 × 1970年代は，第三次産業の割合は5割を超える水準まで上昇し，逆に第一次産業の割合が低下していった。

2 × 第一次石油危機は1973年に発生。為替相場が固定相場制から変動相場制へ移行したのは，1971年にアメリカ大統領のニクソンが金とドルの交換停止を発表し（ニクソン・ショック），ブレトン・ウッズ体制が崩壊したことに起因する。

3 ◎ 正しい。

4 × 赤字国債は，1975年度に初めて発行され，その後，1990〜93年度を除き，毎年度発行されている。建設国債は1966年度から毎年度発行されている。

5 × 1973年に起きたのは第一次石油危機で，第二次石油危機は1979年に起きたものである。

☞確認しよう ➡石油危機と日本経済　　　　　　　　　正答 **3**

③ 第二次世界大戦後から今日までの日本の経済動向を大まかにつかんでおくこと。高度経済成長期，バブル経済などの主な出来事と好況・不況の流れを理解していれば，本問は難しくはない。

1 ✗ 高度経済成長期の「産業の比重が，第二次産業から第三次産業へと移行した」という説明は正しいが，産業構造の分類が誤っている。軽工業も重工業も「第二次産業」である。経済が発展するにつれて，産業の比重が第一次産業から第二次産業へ，第二次産業から第三次産業へと移行する（**ペティ=クラークの法則**）といわれている。

2 ✗ 石油危機は昭和40年代後半と50年代に発生している。また，スタグフレーションとは，景気が停滞する中でインフレーションが続く状態のことである。

3 ✗ バブル経済は1985（昭和60）年の**プラザ合意**の後に出現し，1991（平成3）年頃に崩壊した。

4 ✗ 2002（平成14）年の実質経済成長率は年平均2％弱にとどまったが，景気拡大は2007（平成19）年頃まで続いた。

5 ◎ 正しい。2006（平成18）年をピークにアメリカでは住宅価格が暴落し，住宅ローンの返済延滞が増加して金融機関が経営危機に陥った（サブプライムローン問題）。2008（平成20）年，大手投資銀行のリーマン・ブラザーズが破綻した（**リーマン・ショック**）。このアメリカで起きた金融危機は世界中に波及し，日本も失業者の急増や輸出の減少など大きな打撃を受けた。

☞**確認しよう** ➡高度経済成長期から今日までの日本経済の歩み　　　**正答** 5

184

④ 国際収支に関する用語の意味を理解できているかどうかがポイントである。

1 × 国際収支は次の式で表される。

国際収支＝経常収支＋資本移転等収支－金融収支＋誤差脱漏

また、理論上、国際収支は長期的には均衡（要するにゼロ）になる。

2 × 第一次所得収支と第二次所得収支が逆である。ちなみに、わが国の場合、第一次所得収支は大幅な黒字、第二次所得収支は赤字で推移している。

3 ◎ そのとおり。なお、金融収支は、金融資産にかかる居住者と非居住者間の債権・債務の移動を伴う取引の収支状況を示す。

4 × 海外から日本への直接投資（対内直接投資）の増加は日本から見た場合、負債の増加となることから、金融収支の赤字要因となる。

5 × 1965年以降長年にわたりわが国の貿易収支は黒字基調で推移してきた。しかし、貿易黒字は2000年代後半以降に縮小し、東日本大震災の発生した2011年以降は貿易赤字の年が多くなった。その一方で、第一次所得収支（証券投資収益、配当など）は近年GDP比で4％程度の黒字となり、日本の経常黒字を支えている。

🖝**確認しよう** ➡国際収支、日本の国際収支動向　　　　**正答 3**

⑤ 為替相場（為替レート）とは，円とドルのように異なる通貨の交換比率のことをいう。固定為替相場制と変動為替相場制，円高・ドル安，円安・ドル高に関する理解が必要である。

1 ✕ 日本が固定為替相場制から変動為替相場制に移行したのは，1973年である。1971年にアメリカが金とドルの交換を停止したことをきっかけにブレトン・ウッズ体制が崩壊し，主要国は1973年に変動相場制に移行した。

2 ◎ 正しい。

3 ✕ 円安・ドル高で1ドル100円であったものが，1ドル200円になったとすると，日本製品の円建て価格が一定であれば100円のものが0.5ドルで買えることになる。つまり，ドル建て価格は安くなるのである。

4 ✕ 対米貿易で黒字が続くと，ドルを円に換える必要があるため，円需要が発生し，円高・ドル安になる傾向がある。

5 ✕ 外国為替の決済は，政府認可の銀行が独占的に行うのではなく，銀行間で行われている。

☞確認しよう ➡変動為替相場制，円高・ドル安となる仕組み　　　正答 **2**

6 変動相場制と固定相場制の違い、および円高・円安と貿易との関係についての理解が問われている。

　「現在の主要通貨の為替レートは，外国為替市場における通貨の需要と供給の関係によって決まる」とあることから、Aには変動相場制が当てはまる。かつては、円が1ドル=360円と固定されていたように，中央銀行が為替レートを一定に保つために為替市場において外国為替の売買を行う固定相場制が中心であったが，ドル危機を経て，ほとんどの国が1973年に固定相場制から変動相場制に移行し，1976年にはIMF（国際通貨基金）が変動相場制を正式に承認した（キングストン合意）。

　また、「1ドル＝200円が1ドル＝100円になる」とは，われわれから見た場合、今までは1ドルを入手するために200円を必要としていたのが、100円で済むということを意味する。すなわち、ドルに対する円の価値が高まり，円高・ドル安となる。よって、B：ドル、C:円、D：円高・ドル安が当てはまる。また、「日本の輸出が増加した場合，日本企業は貿易で獲得したドルを外国為替市場で円に交換するため，為替市場では円への需要が高まる一方，ドルへの需要が減少するため，円高・ドル安になる傾向が強くなる。すなわち、Eには円高・ドル安が当てはまる。

　よって、正答は**4**である。

☞確認しよう　➡円高・円安と貿易との関係　　　　　**正答** **4**

世界の経済事情

重要問題

　第二次世界大戦後の国際経済に関する記述として最も妥当なのはどれか。　　　　　　　　　　　　【国家一般職／税務／社会人・令和2年度】

1　1940年代，国際通貨基金（IMF）と関税および貿易に関する一般協定（GATT）の発足でIMF・GATT体制が始まり，金とドルの交換レートが定められた。これを金・ドル本位制という。

2　1960年代，米国の国際収支の黒字が拡大し，ドルが過剰に米国外に流出したことで米国内のドルが不足するドル危機が発生したことを契機に，国際経済は固定為替相場制へ移行した。

3　1980年代，米国では社会保障の充実により財政赤字が拡大し，わが国でもバブルの崩壊により財政赤字が拡大した。両国の財政赤字は「双子の赤字」と呼ばれた。

4　1980年代から行われた各国間での貿易自由化交渉の結果，1990年代，IMFとGATTを補助する機関として，新たに世界銀行が設立された。

5　第二次世界大戦以降，ヨーロッパでは地域経済統合が進み，1990年代にはロシアも参加した欧州連合（EU）が発足し，EU加盟国内での通貨はポンドに統一された。

第2章

経済

解説

戦後の国際経済・貿易体制についての総合的な理解が求められる。

1◎ そのとおり。1944年に開催されたブレトン・ウッズ会議（連合国通貨金融会議）で，第2次世界大戦後の世界通貨体制の指針が決定された。

2✕ 1960年代，米国の国際収支の赤字は拡大した。また，ドル危機とは，ドルが過剰に米国外に流出したことで米国内のドルが不足する事態ではなく，1960年代に各国が経済復興を遂げることでドル過剰の状況となり，アメリカの金と交換（兌換）した結果，アメリカの金保有高が急速に減少し，金価格の高騰およびドル価値の下落を招いた事態をさす。ドル危機の結果，1971年にニクソン・ショックが起き，最終的に国際経済は変動為替相場制へ移行した。

3✕ 双子の赤字とは，1980年代の米国における財政赤字（経常赤字）と貿易赤字が併存していた状態をさす。

4✕ 1980年代から行われた各国間での貿易自由化交渉の結果，1990年代に設立されたのはWTO（世界貿易機関）である。世界銀行は1945年設立，翌年より業務を開始している。

5✕ EUにロシアは加盟していない。また，EU加盟国内の多くの国では通貨はユーロに統一された。

☞**確認しよう** ➡ IMF・GATT体制，ニクソン・ショック，双子の赤字　　**正答 1**

FOCUS

　戦後の国際経済・貿易体制は，覚えるべき専門用語も多く混乱することも多いが，金ドル本位制の成立と崩壊，すなわち固定相場制から変動相場制という流れに当てはめて考えると理解しやすい。

重要ポイント 1 国際金融制度と自由貿易

ブレトン・ウッズ体制（IMF体制）の形成とその崩壊後の体制を問う問題が多い。また，自由貿易に関連する問題では，GATT，ウルグアイ・ラウンドからWTOへの移行がキーポイント。

貿易をめぐる議論

・リカード（比較生産費説）：各国は，財の生産について，ある財を1個作るために別の財の生産を何個犠牲にしているかを表す比較生産費のより低い財の生産に特化して，それを輸出すれば，利益を得ることができる。

・リスト（幼稚産業保護論）：後進工業国が経済先進国に対抗するためには，自由貿易ではなく国家による保護貿易が必要。

ブレトン・ウッズ体制（IMF体制）	1945～71年

- 1944年，アメリカのブレトン・ウッズで開かれた連合国通貨金融会議で決定された第二次世界大戦後の国際通貨制度。

■戦後世界経済の三本柱

①IMF（国際通貨基金）　1945年設立。短期的資金を供与。

②IBRD（国際復興開発銀行＝世界銀行）　1946年業務開始。長期的資金を供与。

③GATT（関税および貿易に関する一般協定）　1948年発足⇒95年WTOへ。

※1949～71年まで固定為替相場制を採用。（1ドル＝360円）

※外貨不足・国際収支赤字国のためにSDR（IMF特別引出し権）を創設。

1971年	アメリカが金とドルの交換を停止（ニクソン・ショック）。

スミソニアン体制	1971～73年

- ドル切下げと，固定為替相場の変動幅拡大。1ドル＝308円。

1973年	各国が変動為替相場制に移行。

キングストン体制	1976年～

- 変動為替相場制への移行を正式に合意。

重要ポイント❷ 地域的経済統合と経済連携の動き

自由貿易が推進される一方，EUやNAFTAなどのように地域的経済統合が進展しつつある。どこの国や地域がどのような貿易協定を結んでいるかが問われる。日本の参加状況も重要である。

■EU（欧州連合）

1993年，マーストリヒト条約に基づき，EC（欧州共同体）からEUへと発展した。1999年に共通の単一通貨ユーロを導入し，経済通貨統合を達成した。2020年現在27か国が加盟し，そのうちユーロ導入は19か国で，人口3億人超を擁する経済圏となっている。

■NAFTA（北米自由貿易協定）

1994年発効のアメリカ，カナダ，メキシコの3か国間で締結された自由貿易協定。

■MERCOSUR（メルコスール：南米南部共同市場）

1995年，域内の関税・非課税障壁撤廃などを目的として，ブラジル，アルゼンチン，ウルグアイ，パラグアイの4か国間で発足。

■AFTA（ASEAN自由貿易圏）

1993年，ASEAN（東南アジア諸国連合）加盟国によって発足した自由貿易協定。2015年12月，AFTAを進化させたAEC（ASEAN経済共同体）が発足した。

■FTA（自由貿易協定）／EPA（経済連携協定）

FTAを基礎として，自由貿易に加え投資や知的財産・競争政策などのより広い分野での連携を，EPA（経済連携協定）という。日本はシンガポール，メキシコ，マレーシアなどと協定を締結している。

■TPP（環太平洋パートナーシップ）協定

2006年にシンガポール，ニュージーランド，チリ，ブルネイの4か国で発足し，その後，日本など12か国の間で2016年2月に署名。しかし2017年1月にアメリカが離脱し，2018年末にTPP11として協定発効した。

■RCEP（東アジア地域包括的経済連携）

ASEAN，豪州，中国，日本，ニュージーランド，韓国によるEPA（インドは交渉離脱）。2020年11月署名。世界の人口の3割，GDPの3割を占める。

実戦問題

① 次のA〜Dのうち，国際経済機関に関する記述として，妥当なものの組合せはどれか。　　　　　　　　　　　　　　　　【東京都・平成24年度】

A 関税および貿易に関する一般協定（GATT）は，キングストン合意により設立された機関で，貿易障壁の排除による自由貿易の促進を目的としている。

B 国際通貨基金（IMF）は，ブレトン・ウッズ協定に基づいて設立され，為替相場の安定や国際貿易の拡大を目的としている。

C 国際復興開発銀行（IBRD）は，スミソニアン協定に基づいて設立され，戦災国の復興および発展途上国の開発への融資を目的としている。

D 世界貿易機関（WTO）は，ウルグアイ・ラウンドにおける交渉の結果として設立された機関で，世界の多角的貿易体制の発展を目的としている。

1 A，B
2 A，C
3 A，D
4 B，C
5 B，D

② 世界の地域的経済統合に関する記述として，妥当なのはどれか。
　　　　　　　　　　　　　　　　　　　　　　　　　　【特別区・平成26年度】

1 NAFTA（北米自由貿易協定）は，アメリカ，カナダ，メキシコで構成され，関税の撤廃，金融や投資の自由化などをめざしている。

2 EU（欧州連合）は，EC（欧州共同体）加盟国が土台となり，アムステルダム条約によって成立し，単一通貨（ユーロ）を導入した。

3 AFTA（ASEAN自由貿易圏）は，オーストラリア首相の提案で発足し，「開かれた地域協力」を掲げ，日本や中国も加入している。

4 APEC（アジア太平洋経済協力会議）は，東南アジアの地域協力機構として結成され，経済・社会の地域協力の推進を目的としている。

5 MERCOSUR（南米南部共同市場）は，発展途上国間の自由貿易ブロックとして初めての共同市場で，キューバやドミニカ共和国も参加している。

3 国際経済に関する記述として，最も妥当なのはどれか。

【国家一般職／税務・平成24年度】

1 近年，自由貿易協定（FTA）や経済連携協定（EPA）を結ぶ動きがある。わが国は，アメリカ合衆国やオーストラリアとEPAを締結しており，今後は，ASEAN等アジア諸国との締結が課題となっている。

2 WTOはモノの貿易の国際ルールを定める国際機関であり，IMFはモノの貿易以外のサービス貿易や知的財産権などの国際ルールを定める国際機関である。

3 第二次世界大戦後の外国為替制度は固定相場制を基本としていたが，石油危機を契機として決定されたプラザ合意により，1980年代初めから主要国は変動相場制をとるようになった。

4 EUでは加盟国すべてで通貨「ユーロ」が導入され，全加盟国において使用されている。他方，金融政策は各国がそれぞれの経済状況に合わせて独自に行っている。

5 為替相場において，たとえば1ドル＝100円が90円に変わった場合には円高（ドル安）になったという。わが国にとって円高は輸入を促進する一方輸出を抑制し，また，産業空洞化を進める要因となりうる。

4 国際貿易と国際分業に関する記述中の空所A～Fに当てはまる人名や語句の組み合わせとして，最も妥当なものはどれか。　【警視庁・令和2年度】

各国に相対的に有利な産業とし不利な産業があると，それぞれが相対的に生産性の小さい有利な産業に特化し，その製品を輸出して，相対的に不利な産業の製品を輸入する貿易を行った方が，自給自足よりも互いに有利になるだろうという考え方が（　A　）の比較生産費説である。これに対して，（　B　）は，（　C　）論が先進国の論理であると批判し，（　D　）政策が必要であると主張した。

国際分業には，発展途上国から原材料を輸入し，先進国から工業製品を輸出する（　E　）分業と，先進国同士で工業製品を輸出し合う（　F　）分業がある。

	A	B	C	D	E	F
1	リカード	リスト	保護貿易	自由貿易	垂直的	水平的
2	リカード	リスト	自由貿易	保護貿易	水平的	垂直的
3	リカード	リスト	自由貿易	保護貿易	垂直的	水平的
4	リスト	リカード	保護貿易	自由貿易	水平的	垂直的
5	リスト	リカード	自由貿易	保護貿易	垂直的	水平的

5 次の世界各国の名目GDPに関する表の空所ア～ウに当てはまる国名の組合せとして，最も妥当なのはどれか。　【警視庁・平成26年度・改題】

2019年の名目GDP順位

順位	国名	名目GDP（億ドル）
1	（　ア　）	214,332
2	（　イ　）	147,318
3	日本	50,799
4	（　ウ　）	38,615
5	インド	28,689

（出所）IMF統計

	ア	イ	ウ
1	アメリカ	ドイツ	中国
2	アメリカ	中国	ドイツ
3	アメリカ	中国	イギリス
4	中国	ドイツ	アメリカ
5	中国	アメリカ	ドイツ

実戦問題●解説

① 第二次世界大戦後の代表的な国際経済機構に関する問い。機構の名称・略称や設立年とともに設立の目的を整理して覚えておくこと。

A × 関税および貿易に関する一般協定（GATT）は，1947年にジュネーブ貿易会議で23か国が調印し，1948年に成立した。記述の「キングストン合意により設立された」は誤り。キングストン合意は，1976年にジャマイカのキングストンで開かれた**国際通貨基金（IMF）**の暫定委員会での合意を表す。なお，GATTは，1995年に世界貿易機関（WTO）の設立によって発展的に解消した。

B ○ 国際通貨基金（IMF）は，**ブレトン・ウッズ協定**に基づいて1945年に設立された。日本は1952年に加盟した。

C × 「スミソニアン協定に基づいて設立された」が誤り。**国際復興開発銀行（IBRD）**は，1944年のブレトン・ウッズ協定に基づいて国際通貨基金（IMF）とともに翌年設立された国際機関である。

D ○ 世界貿易機関（WTO）は，1994年に集結したウルグアイ・ラウンドで合意され，1995年に76か国・地域をもって発足。関税および貿易に関する一般協定（GATT）を引き継いだ機関である。

したがって，**5**が正しい。

☞確認しよう ➡戦後の国際経済機構　　　　　　　　　**正答 5**

参考 国際通貨基金（IMF）と国際復興開発銀行（IBRD）
国際通貨基金は，国際通貨や為替の安定と貿易の拡大を目的とした国際金融機関で，戦後の国際通貨体制を支えてきた。ブレトン・ウッズ協定に基づいて，国際通貨基金とともに設立されたのが国際復興開発銀行である。国際開発協会（IDA）とあわせて世界銀行とも呼ばれ，経済復興と発展途上国の開発援助を目的とし，長期融資を行う世界最大の開発援助機関である。

② 1990年代に発足した地域的経済統合についての知識が必要。機構の名称やどこの国や地域が加盟しているかなどを整理して押さえておこう。

1 ◎ 正しい。

2 × EU（欧州連合）は，1993年にマーストリヒト条約発効によって発足した。アムステルダム条約は，マーストリヒト条約を改正したもので1999年に発効した。

3 × AFTA（ASEAN自由貿易圏）ではなく，APEC（アジア太平洋経済協力会議）の説明である。

4 × 東南アジアの地域協力機構として結成されたのはASEAN（東南アジア諸国連合）である。

5 × MERCOSUR（南米南部共同市場）は，1995年にブラジル，アルゼンチン，ウルグアイ，パラグアイの4か国間で発足し，この他，チリ，ペルー等6ヶ国が準加盟国である。キューバやドミニカ共和国は参加していない。

☞確認しよう ➡ NAFTA，EU，APEC，MERCOSUR

正答 **1**

③ 世界の貿易体制や通貨に関する問題である。日本がどのような国と貿易に関
する条約を結んでいるかも理解しておきたい。

1 ✕ 後半が誤り。日本は2008年にASEANとEPAを締結している。2020
年11月現在，日本はシンガポール，メキシコ，ASEAN全体など21
の国・地域連合とEPAを締結している。

2 ✕ WTO（世界貿易機関）は，国際貿易の自由化に関するルールを定め
る国際機関。IMF（国際通貨基金）は，為替相場の安定と為替制限の
撤廃によって世界貿易を拡大させることを目的とした国際金融機関。

3 ✕ 1971年の金とドルの交換停止（ニクソン・ショック）によって固定
相場制が崩壊し，1973年に主要国は**変動相場制**に移行した。

4 ✕ 1999年のユーロ発足当初，ユーロ圏は11か国で，2020年3月現在は
19か国に増えたものの，デンマークやスウェーデンなどは参加して
いない。ユーロ圏の金融政策はECB（欧州中央銀行）が担っている。

5 ◎ 正しい。

👉**確認しよう** ➡国際通貨（ユーロ，ドル，円）　　　　　　　　**正答** **5**

④ リカードの比較生産費説とリストの幼稚産業保護論の違いを理解できているかどうかがポイントである。

A：リカード

　リカードは，イギリスとポルトガルの間での羅紗（クロス）とワインの交換を例に，労働生産性の相違が比較優位構造をもたらすことを説明した。それによると，各国は，ある財の生産について，国内での各財の相対生産費を表す比較生産費（ある財を1個作るために別の財を何個犠牲にしているのか）の相対的により低い財（これを，比較優位をもつという）の生産に特化して，それを輸出すれば，貿易により利益を得ることができると主張した。

B：リスト，C：自由貿易，D：保護貿易

　ドイツ歴史学派の先駆者であるリストは，農業・工業・商業か高度な段階に達していない後進工業国がイギリスのような経済先進国に対抗するためには，自由貿易ではなく国家による干渉すなわち保護貿易が必要であるという幼稚産業保護論を提唱した。

E：垂直的，F：水平的

　国際分業には，発展途上国から原材料を輸入し，先進国から工業製品を輸出する垂直的分業と，先進国同士で工業製品を輸出し合う水平的分業がある。

　よって，正答は**3**である。

☞確認しよう　➡比較生産費説，幼稚産業保護論，国際分業　　　　　正答 3

⑤ 世界の名目GDPの順位は，日本の順位とあわせて上位の国名も押さえておこう。

　2019年の名目GDPの順位は，1位アメリカ，2位中国，3位日本，4位ドイツ，5位インドとなっている。なお，イギリスは6位である。

　よって，正答は**2**である。

☞確認しよう　➡世界の名目GDP上位国　　　　　　　　　　　　正答 2

198

第**3**章

第**3**章

社 会

重要問題

わが国の人口や世帯数に関する記述として妥当なのはどれか。

【地方初級・平成29年度】

1 2015年度の日本の総人口は1億2千万人台で，近年減少傾向にある。

2 三大都市圏の人口が地方に流出し，北海道や他の県の人口は増加している。

3 世帯数は減少傾向にあるが，1世帯当たりの人数は増加傾向にある。

4 合計特殊出生率の改善を受け，2015年に15歳未満人口は増加に転じた。

5 総人口に占める65歳以上人口の比率は，2015年に初めて10％を超えた。

解説

日本の総人口は21世紀に入って減少し続けている。平均寿命が伸びる一方で，出生率は低下しており，少子高齢化が進んでいることを把握しておこう。また，東京圏への人口一極集中や世帯人員数の減少についても確認しておきたい。

1 ◎ 正しい。日本の総人口は2007年に1億2800万人台に到達したが，2011年に再び1億2700万人台となって以降は減少傾向にあり，2018年は1億2644万人となっている。

2 × 近年は三大都市圏（東京圏，名古屋圏，大阪圏）への人口流入が続いており，特に東京圏への流入が大きい。

3 × 世帯人員3人以上の世帯が減少し，特にひとり暮らし（単独世帯）が増加しているため，世帯数は増加傾向にあり，1世帯当たりの人数は減少傾向にある。2019年現在世帯総数は約5000万世帯を超え，平均世帯人員は2.39人である。

4 × 合計特殊出生率は2005年の1.26から微増傾向であったが2019年には

1.36と前年（1.42）から低下した。また，人口置換水準（現在の人口を維持できる水準）は2.06であるため，15歳未満人口は減少を続けている。

5 ✕ 総人口に占める65歳以上人口の比率（高齢化率）は，1985年には10％を超えており，2019年には28.4％となっている。

 確認しよう　➡日本の人口・世帯の推移，高齢化率・合計特殊出生率　　　正答 **1**

第
3
章

社
会

FOCUS

　わが国の人口問題は，高齢化と少子化に大きく分けられる。高齢化では老年人口の割合と平均寿命が，また少子化では合計特殊出生率がキーポイントである。2018年現在男性81.25歳，女性87.32歳である平均寿命は当面延び続けると見込まれる一方で，少子化により総人口は2029年には1億2000万人を下回り，2053年には1億人を割る（9924万人）と推計されている。

要点の まとめ

重要ポイント ❶ 高齢化の進行

わが国の高齢化の推移とその国際比較が問われる。65歳以上の高齢者の割合が2065年には38.4%（約2.6人に1人）に達するとの推計のほか，今後は大都市圏で高齢化が進むことなどにも注意。

■日本の人口ピラミッド（資料：総務省統計局「平成27年国勢調査 人口等基本集計結果」，国立社会保障・人口問題研究所「日本の将来推計人口（平成24年1月推計）」）

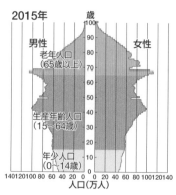

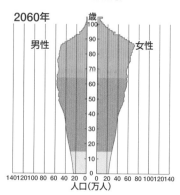

■主要国の高齢化率と倍化年数 （資料：国立社会保障・人口問題研究所「人口統計資料集2020」）

	高齢化率	倍加年数 （7%→14%）
日本　　　（2015年）	26.6	24
アメリカ　（2015年）	14.6	72
イギリス　（2015年）	18.0	46
フランス　（2015年）	18.9	126
ドイツ　　（2015年）	21.2	40

※日本の高齢化率7%から14%までの所要年数（倍加年数）は24年（1970年→1994年）であり，高齢化が急速に進んだことが分かる。なお，韓国の倍加年数は18年と日本より短く，中国も23年と予測されている。

重要ポイント ❷ 少子化の進行

わが国の合計特殊出生率は1.42（2018年），人口1,000人当たりの出生率は7.4（同年）である。少子化の現状と対策に注意。

■主要国の合計特殊出生率 （資料：内閣府「令和2年度少子化社会対策白書」など）

	日本	アメリカ	イタリア	スウェーデン
1950（昭和25）年	3.65	3.02	2.52	2.32
80（　55）	1.75	1.84	1.62	1.68
90（平成2）	1.54	2.08	1.36	2.13
2018（　30）	1.42	1.73	1.29	1.75

（注）「現在」は日本は2019年，アメリカ，イタリア，スウェーデンは2018年。

※日本の少子化の要因として未婚化や晩婚化が挙げられる。50歳時の未婚
　割合（2015年）は男性23.4％，女性14.1％，平均初婚年齢（2018年）は
　夫31.1歳，妻29.4歳である。

 重要ポイント❸ **平均寿命の推移**

わが国の平均寿命は男女ともに2010年から2年連続で低下した
が，以降は伸び続けている。2013年には男性も80歳台となった。

■日本の平均寿命の推移　　　　　　（単位：歳）

年次	男性	女性
1947（昭和22）年	50.06	53.96
75（　50）	71.73	76.89
90（平成2）	75.92	81.90
2000（　12）	77.72	84.60
2019（令和元）	81.41	87.45

※日本は世界有数の長寿国
　である。その他の国・地
　域では，男性では，香
　港，スイス，シンガポー
　ル，女性は，香港，スペ
　イン，韓国などが上位と
　なっている。

 重要ポイント❹ **核家族化と世帯の変化**

核家族化の進行や高齢者世帯の増加が現代の家族や社会に与える
影響を考える。

● 世帯の規模：平均世帯人員は2.39人（2019年）であり，縮小傾向にある。
● 核家族の割合：核家族世帯とは，「夫婦のみ」「夫婦と未婚の子のみ」「ひ
　とり親と未婚の子のみ」の世帯をさす。世帯総数の59.8％（2019年）を
　占めている。

- 高齢者世帯：65歳以上の者のみか，またはこれに18歳未満の未婚の者が加わった世帯。1487万世帯（2019年）で全世帯の28.7％を占める。

重要ポイント❺ 日本の社会保障制度

 わが国の社会保障制度は，社会保険，公的扶助，社会福祉，公衆衛生の4つの柱からなる。それぞれの内容の違いが問われる。

社会保険	国や自治体，公的団体が保険者となる公的保険であり，一定の保険事故が発生した場合に，一定の給付を行うもの。 ①年金保険：国民年金（基礎年金。1階部分），厚生年金保険（2階部分） ②医療保険：健康保険，船員保険，国民健康保険，各種共済組合，後期高齢者医療制度（2008年施行） ③雇用保険：週所定労働時間20時間以上などの条件を満たす雇用者が対象。 ④労災保険：労働者災害補償保険 ⑤介護保険：医療・福祉の高齢者介護を統合，介護を医療保険から分離，2000年4月施行
公的扶助	すべての国民に最低限度の生活を保障し，自立を助長するためのもの。 ○生活保護：1996年以降，生活保護受給者数は増加していたが，2014年の約216万人をピークに減少に転じた。2020年4月現在約206万人（速報値）。
社会福祉	援護を必要とする児童・高齢者・心身障害者・ひとり親家庭などに専門的な対人サービスを提供するもの。 ※福祉六法：おもな分野別に，生活保護法，児童福祉法，身体障害者福祉法，知的障害者福祉法，老人福祉法，母子及び父子並びに寡婦福祉法の福祉六法が整備され，全体の基盤として社会福祉法がある。 ※障害者総合支援法：難病を含む障害者・児に対し自立支援給付を行う。障害者自立支援法を2013年に改正・改称。 ※児童手当法：18歳到達後の年度末までの国内居住の児童を対象に，保護者に対し月額1万5000円等の現金を支給する制度。一定所得以上の者には支給しない（当分の間特例給付5000円を支給）。
公衆衛生	国民の疾病予防と治療，上下水道などの生活環境の整備・保全，廃棄物処理などを行うもの。

■医療保険制度改革

　少子高齢化社会で持続可能な医療保険制度を構築するため，2015（平成27）年5月に医療保険制度改革関連法が成立。2018年より，市町村を保険者とする国民健康保険に新たに都道府県が保険者として加わり，財政運営の責任を担っている。

■介護保険制度の整備

　介護保険制度の利用者増に伴い，介護費用も急速に増大している。2014（平成26）年6月に成立した改正介護保険法では，訪問介護と通所介護を地域支援事業に移行し，一定以上の所得がある利用者の自己負担を1割から2割に引き上げた。また，政府は「介護離職ゼロ」に向けた取組みを進める。

重要ポイント **6**　**年金制度をめぐる問題**

2016年に年金支給額の新たなルールを盛り込んだ年金制度改革法が成立した。近年の改革の流れに注意しよう。

■2012年成立の年金関連4法（社会保障・税一体改革の一環で順次施行）

①**年金機能強化法**：基礎年金の国庫負担割合の2分の1の恒久化，産休期間中の社会保険料免除，父子家庭への遺族基礎年金の支給，短時間労働者への社会保険の適用拡大，老齢年金の受給資格を保険料納付済期間25年から10年に短縮（2017年8月施行）。

②**被用者年金一元化法**：公務員や私学教職員が加入する共済年金が廃止され，厚生年金に統合。共済年金独自の職域加算を廃止。

③**改正国民年金法**：1999〜2001年の間の物価下落期間に年金額を据え置いたために本来の水準よりも高い水準（特例水準）となっていたのが，解消された。これにより，2015年にマクロ経済スライド（現役世代の人口減少に合わせて年金の給付水準を調整する仕組み）が初めて発動された。

④**年金生活者支援給付金法**：低所得高齢者・障害者等の年金受給者に給付金を支給。

■年金事業運営改善法

　2014年6月，年金事業運営改善法が成立。過去5年間の未納の国民年金保険料を追納できる制度を創設（2015年10月から3年間の時限措置），保険料納付猶予制度の対象者を30歳未満から50歳未満に拡大。

重要ポイント **7** **国民負担率の国際比較**

日本の国民負担率の大きさが問われる。日本・フランスをはじめ
社会保険が大きな役割を果たす国は社会保障負担率が相対的に大
きい。

■社会保障負担率・租税負担率の国際比較　　　　　　　（対国民所得比　単位：%）

国名	社会保障負担率	租税負担率	計（国民負担率）
日本（2020年度見通し）	18.1	26.5	44.6
アメリカ（2017年）	8.5	26.1	34.5
スウェーデン（2017年）	5.2	53.8	58.9
フランス（2017年）	26.5	41.7	68.2

少子高齢化と社会保障 テーマ1

実戦問題

1 世界の人口に関する次の記述のうち，正しいものはどれか。

【警察官・平成21年度・改題】

1 世界人口は20世紀半ば以後，急激に増加をし続けており，1997年に70億人，2017年に80億人を超えた。

2 世界人口を地域別に見ると，最も多いのはアジア，次いでラテンアメリカとなっており，両地域の人口は世界人口の約50％を占める。

3 中国，インドはそれぞれ10億人を超える人口を擁しており，国別人口は中国が世界第1位，インドが世界第2位となっている。

4 先進国では人口の高齢化が進んでいるが，発展途上国では進んでいないため，世界人口全体の高齢化が始まるのは2035年頃からと見られる。

5 先進国では少子化が進んでいるが，日本の合計特殊出生率はフランス，スウェーデンと並んで，先進国中では高い数値となっている。

2 令和2年8月に内閣府が発表した「令和2年版少子化社会対策白書」における少子化に関する記述として，最も妥当なのはどれか。

【東京消防庁・平成21年度・改題】

1 わが国の2019（令和元）年における合計特殊出生率は1.36となっており，この数字は第二次世界大戦後，一貫して減少し続けている。

2 わが国における年少人口（0〜14歳）は，第二次世界大戦後，減少傾向が続き，現在では老年人口（65歳以上）よりも少なくなっている。

3 2019年の合計特殊出生率を47都道府県別に見ると，最も高いのは東京都の1.86で，最も低いのは沖縄県の1.15となっている。

4 わが国の合計特殊出生率は，今後上昇に転じると見込まれているため，わが国の総人口が1億人を下回ることはないと考えられている。

5 諸外国でも少子化が進行し，欧米では合計特殊出生率の回復のための政策をとった国もあるが，回復に成功した国は見られない。

第3章

社会

3 令和2年9月に厚生労働省が発表した令和元年人口動態統計の内容として，最も妥当なのはどれか。　【東京消防庁・平成20年度・改題】

1 令和元年中の出生数は約100万人で，前年の約105万人よりも5％減少した。これは，第二次ベビーブーム期に当たる昭和56年から昭和59年に生まれた女性の出産ピークが過ぎたためである。

2 令和元年中の出生数と死亡数の差である自然増加数は，前年と同様にプラスとなった。これは，首都圏や名古屋，大阪等の大都市部での出生数が増加したためである。

3 令和元年の合計特殊出生率は1.36で前年より低下し1.40を下回った。合計特殊出生率は，昭和50年に2.00を下回ってから低下傾向となっていたが，平成18年から1.3台，平成24年からは1.4台で推移している。

4 令和元年の死亡数は約138万人で，前年の約140万人よりも1.4％減少した。これは，医療の高度化等により平均寿命が延びたためである。

5 令和元年の死亡数を死因別に見ると，1位は脳血管疾患で，2位は心疾患，3位は悪性新生物（腫瘍）となっている。

4 次の表は2017年12月13日に厚生労働省が発表した「平成27年都道府県別生命表」における平均寿命上位3都道府県をまとめたものであるが，空所A〜Cに当てはまる都道府県名の組合せとして，最も妥当なのはどれか。
　【警視庁・平成25年度・改題】

平成27年都道府県別平均寿命上位3都道府県

(単位：年)

順位	男性		女性	
	都道府県	平均寿命	都道府県	平均寿命
1	（ **A** ）	81.78	（ **B** ）	87.675
2	（ **B** ）	81.75	岡山県	87.673
3	京都府	81.40	（ **C** ）	87.64

	A	B	C
1	滋賀県	長野県	島根県
2	島根県	長野県	滋賀県
3	滋賀県	島根県	沖縄県
4	長野県	滋賀県	奈良県
5	奈良県	滋賀県	島根県

5 わが国における現代社会の特徴に関する記述として正しいものは，次のうちどれか。　【地方初級・平成9年度】

1　核家族化が進展してきたが，これは単に家族員数の減少という変化だけでなく，家族の機能の縮小という現象も伴い，かつての家族が持っていたさまざまな機能は，企業や学校といった外部の機能的な集団への代替化が進行している。

2　マス・メディアの発達によって大量の情報が瞬時に流れるようになり，人々は多くの知識・情報を知ることができ，情報化社会においては主体性を持って行動できる人間が増える傾向にある。

3　現代社会における組織の巨大化に対応して，巨大組織を能率的・合理的に管理・運営するシステムが発達し，働く人間にとっても自分の仕事の全体像や組織の中での自分の役割を理解できる合理的なものとなっている。

4　他の先進国にも例を見ないほどのスピードで高齢化が進行しているが，出生率は年々上昇し，先進国に比べても高い数値となっているため，高齢人口比率*は先進国のレベルにはまだ達していない。

*高齢人口比率：全人口に対する高齢者（満65歳以上）人口の割合

5　国際化が進展する中で，単純労働への外国人就労が認められたために，出稼ぎ外国人労働者の増加が著しく，また観光目的で入国し，実際には就労している「不法」就労者も激増しており，「不法」就労者には中南米諸国の出身者が最も多くなっている。

6 家族にかかわる法律に関する記述として最も妥当なのはどれか。
　【国家Ⅲ種・平成15年度・改題】

1　男女とも満18歳になると，個人の意思が尊重され，自由に結婚することができる。ただし，20歳未満の場合，結婚するには親の同意が必要である。

2　家族間では一般に，互いに助け合い，扶養し合う義務を負う。しかし子供が高齢の親を扶養しなければならない場合は，跡継ぎである長男だけがその義務を負う。

3　婚姻届を出すときには，夫婦が夫または妻のどちらかの姓を名乗る夫婦同姓か，夫婦がそれぞれ別の姓を名乗る夫婦別姓のどちらかを選択しなければならない。

4　家族の間で離婚，扶養，相続などを巡る争いが起こり，当事者による話合いでも解決されない場合，それを解決するための機関として，家庭裁判所がある。

5　遺産の相続については，相続人になることができるのは子供または親であり，配偶者を相続人にすることはできない。

7 わが国の社会保障制度に関する記述として，妥当なのはどれか。

1 わが国の社会保障制度は，第二次世界大戦後，憲法の自由権の規定に基づいて整備され，社会保険，公的扶助，社会福祉の3つの柱から成り立っている。

2 年金保険における積立方式は，一定期間に支給する年金をその期間の保険料で賄う方式である。

3 年金保険における賦課方式は，将来支給される年金の原資をあらかじめ保険料によって積み立てていく方式である。

4 公的扶助には，公費と40歳以上の人が払う保険料を財源として，介護が必要とされる人に介護サービスを提供する制度がある。

5 社会保険は，失業，疾病，労働災害などに際して，一定の給付を受ける制度であり，雇用保険，医療保険，労災保険，年金保険，介護保険がある。

8 次の図は，わが国の社会保障給付費の総額とその内訳の推移を示したものである。A，B，Cに当てはまるものの組合せとして最も妥当なのはどれか。

【国家一般職／税務・平成25年度・改題】

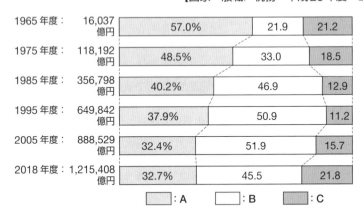

	A	B	C
1	医療	年金	福祉その他
2	医療	福祉その他	年金
3	年金	医療	福祉その他
4	年金	福祉その他	医療
5	福祉その他	年金	医療

9 わが国の社会保障制度に関する記述として，妥当なのはどれか。

【東京都・平成25年度】

1　社会保険には，医療や年金等の5つの種類があり，すべての被保険者の保険料および国や地方公共団体の拠出金で運営されている。

2　医療保険には，民間企業の被用者を対象とした健康保険，公務員を対象とした共済組合，自営業者その他の一般の国民を対象とした国民健康保険等がある。

3　年金には，積立方式と賦課方式の2つの財源調達方式があり，わが国では，年金受給額を被保険者が積み立てる積立方式だけを採用している。

4　年金は，全国民共通の国民年金（基礎年金）に一元化され，厚生年金や共済年金等の報酬比例の年金等は廃止された。

5　生活保護は，生活困窮者を除く，高齢者や障害者など社会的に弱い立場にある人々に，国がリハビリテーションや在宅ケア等のサービスを提供する制度である。

10 高齢者の介護または介助に関する記述として，妥当なのはどれか。

【東京都・平成27年度】

1　施設福祉サービスや在宅福祉サービスが増加し充実してきたため，高齢の子どもが高齢の親の介護を行う「老老介護」は，近年では減少傾向である。

2　介護者は，介護を必要とする高齢者の身体機能を維持させるため，高齢者が自分でできることも手助けを行う。

3　食事の介助では，高齢者はかむ力や飲み込む力，消化機能が低下しているため，自分で食べるような働きかけをせずに介助を行う。

4　車椅子の介助では，高齢者を車椅子に深く座らせ，フットレストに足を乗せているか，衣服が車輪に巻き込まれないかなど確認を行い，ゆっくり発進する。

5　介助される高齢者の衣服のデザインは，大きめのゆるいボタンやゆるめのウエストのゴムなどを使用すると，介助の妨げになるため使用しないほうがよい。

第3章

社会

① 日本および世界の人口については，大まかな数値を覚えておくこと。世界人口全体の高齢化にも着目しよう。

1 ✕ 世界人口は2011年に70億人を超えたが，2019年現在77億人であり，80億人に達していない。

2 ✕ 地域別で最も多いのはアジア（世界人口の約6割），次いでアフリカ，ヨーロッパの順である。

3 ◎ 正しい。国別人口は世界銀行（2019年）によると，第1位は中国（約13億9771万人），第2位はインド（約13億6641万人），第3位アメリカ（約3億2823万人）である。

4 ✕ 2019年の世界人口全体の高齢化率は9.1％であり，すでに高齢化の状態となっている。

5 ✕ 合計特殊出生率（2018年）について，フランス（1.88），スウェーデン（1.75）が先進国では相対的に高い一方で，日本（1.42）はイタリア（1.29）と並び低い数値となっている。

☞確認しよう ➡世界の人口動態 　　　　　　　　　　　　　　　　正答 **3**

② 日本の合計特殊出生率は1970年代半ばから人口置換水準を下回り，少子化が進行していることを把握しておこう。

1 ✕ 1940年代の第一次ベビーブーム以降低下し続けた合計特殊出生率は，70年代の第二次ベビーブーム期には上昇をみせたが，その後再び低下傾向となった。2005年の1.26（過去最低）以降緩やかに上昇していたものの，2019年は1.36と4年連続の低下となった。

2 ◎ 正しい。2019年の総人口に占める割合は，年少人口（0〜14歳）が12.1％（1521万人）で，65歳以上人口が28.4％（3589万人）である。

3 ✕ 合計特殊出生率を都道府県別に見ると，最高は沖縄県の1.82，次いで宮崎県1.73であり，最低は東京都の1.15，次いで宮城県1.23である。

4 ✕ 合計特殊出生率は1975年以降，一貫して人口置換水準（2017年は2.06）に達していない。そのため総人口は減少を続け，2053年には1億人を下回ると推計されている。

5 ✕ フランスやスウェーデンは積極的な家族政策により2000年代後半に

は2.0前後まで回復した。最近はやや低下傾向にあるが，ドイツが同様の政策により上昇傾向にある。

☞確認しよう　➡合計特殊出生率と将来の人口　　　　　正答 2

③ 最新の統計に基づく出題は多い。日頃から新聞やテレビなどで，新しい情報に触れておくことが求められる。

1 × 2019（令和元）年中の出生数は86万5239人で，前年の91万8400人より5万3161人（約5.7％）減少。出生数は2016年に100万人を下回り減少し続けている。また，第二次ベビーブーム期は昭和46年から49年。

2 × 2019（令和元）年の死亡数は138万1093人（前年より1万8623人増加）で，自然増加数（出生数－死亡数）は前年より7万1784人の減少（13年連続）となった。自然増加数がプラスなのは沖縄県のみ。

3 ◎ 正しい。合計特殊出生率は2005年に過去最低の1.26となって以降，1.4台にまで微増傾向にあったが2016年からは4年連続で低下している。

4 × 2015（平成27）年の死亡数は129万444人で，前年よりも増えている。

5 × 1985（昭和60）年頃からわが国の**死因別死亡率**は，1位が悪性新生物（がん），2位が心疾患，3位が脳血管疾患であった（一時期，2位と3位が入れ替わったことがある）。しかし，2011（平成23）年から3位が肺炎になり，脳血管疾患が4位となった。

☞確認しよう　➡出生数と死亡数，合計特殊出生率の推移　　正答 3

参考　出生率
ある国や地域の年間出生数と全人口との割合で，人口1000人についての値で示す。2016年に8台を下回り，2019（令和元）年は7.0である。

④ 都道府県別の平均寿命のランキングは，最新情報が発表されると上位と下位
の都道府県が話題となるので，注意しておこう。

　厚生労働省発表の2015（平成17）年の都道府県別の平均寿命は，1位か
ら順に，男性が滋賀県（**A**），長野県（**B**），京都府の順，女性は長野県
（**B**），岡山県，島根県（**C**）の順。長野県は男女とも上位を占める。また，
最下位は男女とも青森県であった。

　したがって，**1**が正答である。

☞**確認しよう** ➡男女別平均寿命　　　　　　　　　　　　　　**正答 1**

⑤ 現代社会の特徴に関する全般的問題である。高齢化と核家族化の進行で社会
がどう変わるのかが解法のカギ。

1 ◎ 正しい。

2 ✕ マス・メディアの発達した**情報化社会**では，個人は情報の一方的な受
け手として，情報に左右される危険性がある。

3 ✕ 現代社会の巨大組織では，その中で働く人間の仕事や役割が細分化・
専門化するため，全体を見通すことができにくくなる。

4 ✕ 出生率（2019年7.0）は年々低下し少子化が進むなか，高齢人口比率
（高齢化率）は28.4％（2019年）と世界で最も高い。

5 ✕ 出入国管理庁「2019年版出入国管理」公表の不法就労者総数は増加
傾向にある。国籍・地域別に見ると，2018年は中国が最多で，次い
でベトナム，タイであった。

☞**確認しよう** ➡核家族化で家族の機能が縮小　　　　　　　　**正答 1**

⑥ 家族に関する一般問題である。民法による規定がカギとなるが，改正案等の
最新情報はきちんと押さえておくこと。

1 ✕ 現在，婚姻開始年齢は男性18歳以上，女性16歳以上であり，また満
20歳未満の未成年者の結婚には父母の同意が必要である（民法731
条，737条）。2022年4月以降は男女とも満18歳以上となり，また成
年年齢が満18歳以上に引き下げられるため，父母の同意は不要とな
る。

2 × 民法730条では，直系血族および同居の親族間の互助義務が定められている。長男だけでなく，直系血族および兄弟姉妹には相互に扶養する義務がある（同877条）。

3 × 夫婦別姓は民法上，認められていない。2015年12月に最高裁は夫婦同姓とする民法750条を合憲とする判決を出した。

4 ◎ 正しい。家庭裁判所は，家庭事件の審判や調停のほか，少年保護事件の調査や審判などを扱う。

5 × 配偶者は相続人となる（同890条）。遺言がない相続は法定相続分として民法で定められ，相続人が子供と配偶者の場合には各2分の1，子供が複数いるときは各自の相続分は均等である（同900条）。

👉確認しよう　➡民法における親族・相続の規定　　　　　　　**正答 4**

7 日本の社会保障制度の4つの柱についての知識がカギ。社会保険についても，その内容を知っておくこと。

1 × 日本の社会保障制度は憲法25条の生存権の規定にのっとってつくられており，社会保険，公的扶助，社会福祉，公衆衛生の4つの柱から成り立っている。

2 × 積立方式ではなく，賦課方式の説明である。

3 × 賦課方式ではなく，積立方式の説明である。

4 × 記述の内容は，社会保険の中の介護保険制度の説明である。公的扶助は，生活保護法に基づいて健康で文化的な最低限の生活を保障するために，生活費や教育費などを扶助するものである。

5 ◎ 正しい。

👉確認しよう　➡社会保障の4つの柱（社会保険，公的扶助，社会福祉，公衆衛生）

正答 5

参考 年金の財源調達方式

　日本の年金制度では，かつては被保険者が将来の年金受給費用を在職中に積み立てる「積立方式」がとられていたが，現在は一定期間に支給する年金をその期間の現役世代の保険料で賄う「賦課方式」を基本として，一部に積立方式を残している。

第
3
章

社会

8 社会保障給付費は高齢化の進展に伴い，どのように推移しているかの理解がポイント。

A 「医療」は，かつては社会保障給付費の約50％以上を占めていたが，年々その割合が低下し近年は30％台となっている。

B 「年金」の割合は，高齢化に伴い一時期は50％を超えたが，近年は給付額抑制の制度改正がなされていることもあり，最大ではあるものの40％台となっている。

C 「福祉その他」は，高齢化が進む中で介護支出が大きく増加し，近年の伸びが目立つ。

したがって，**1**が正答である。

確認しよう ➡社会保障給付費の推移，年金制度　　　　　　　**正答 1**

9 社会保険の種類とその財源の違いや，年金の財源調達方式の違いなどの知識がカギ。

1 × 国民年金には，保険料について全額免除制度や50歳未満の納付猶予制度，また学生納付特例制度があり，一定額以下の所得の被保険者は保険料を納付しなくとも給付を受けられる。

2 ◎ 正しい。

3 × かつては積立方式を採用していたが，現在は世代間扶養の考え方に基づく賦課方式である。

4 × 公務員等を対象とする共済年金は2015年に民間会社員対象の厚生年金に統合され，報酬比例部分は厚生年金に一本化された。現在の公的年金は，全国民共通の国民年金（基礎年金）と報酬比例部分を上乗せする厚生年金の2階建て構造である。

5 × 生活保護とは，生活困窮者に最低限の生活を保障するための制度。生活・教育・住宅・医療・出産・生業・葬祭・介護の8つの扶助がある。

確認しよう ➡社会保険の財源，年金の財源調達方式，基礎年金　　**正答 2**

10 高齢者の介護，介助に関する基本的な知識が問われている。「老老介護」のような用語には普段から注目することが大事。

1 × 「老老介護」とは同居の介護する側と介護される側がともに高齢であることをいい，子どもと親の組合せに限られない。厚生労働省「国民生活基礎調査」によると，両者が65歳以上の組合せは増加傾向にあり2019年は59.7％を占め，今後も「老老介護」の増加が見込まれる。

2 × 介護者は，高齢者の身体機能の維持させるため，高齢者自らの能力を活用させ，支援が必要な部分について手助けを行うようにする。

3 × 食事の介助では，自分で食べるよう働きかけを行う。

4 ◎ 正しい。

5 × 介助される高齢者の衣服は，大きめのサイズ，大きめのボタンあるいはボタンなし，ゆるめのウエストゴムなど，着脱しやすいものを選ぶことが大切である。

確認しよう ➡老老介護，介護の基本知識　　　**正答 4**

重要度

重要問題

労働三法に関する記述として，妥当なのはどれか。

【特別区・平成23年度】

1 労働基準法は労働条件の最低基準を定めているが，賃金については，最低賃金法に基づき，賃金の最低基準が地域別に決められている。

2 労働組合法は，使用者の不当労働行為に対して，労働組合が労働委員会への救済を申し立てることができる旨を定めており，この委員会は，同数の労働者委員，使用者委員の二者のみで構成される。

3 労働関係調整法は，団体交渉が合意に達しない場合に行われた労働組合の正当な争議行為について，刑事上および民事上の免責特権を定めている。

4 地方公営企業の地方公務員には，団結権，団体交渉権，争議権のすべてが認められており，一般職の地方公務員には，団結権，争議権は認められているが，団体交渉権は認められていない。

5 労働委員会は，あっせん，調停，仲裁の手続きにより調整を行うが，労使紛争は労使が自主的に交渉して解決することが原則であるので，仲裁裁定は法的拘束力を持たない。

解説

日本国憲法は労働者に勤労権（27条）と労働三権（28条）を保障している。その保障のために定められた労働三法（労働基準法，労働組合法，労働関係調整法）についての内容が問われている。

■労働三法

①**労働基準法**（1947年制定）：労働条件の最低基準を規定。

②**労働組合法**（1945年制定）：労働者の労働三権を規定し，使用者の不当労働行為を禁止。1949年に全面改正。

③**労働関係調整法**（1946年制定）：労働争議・争議行為・争議の解決法など

を規定。労働争議の調整は労働委員会が行う。

1 ◎ 正しい。各都道府県別に最低賃金が定められており，**最低賃金法**で使用者が最低賃金額以上の賃金を支払わない場合は罰則が定められている。

2 × **不当労働行為**の審査は，公益委員，労働者委員，使用者委員の3者構成で行われる。

3 × 労働組合の正当な争議行為についての刑事上および民事上の免責は，「労働関係調整法」ではなく，**労働組合法**に定められている（労働組合法1条2項，同8条）。

4 × 公務員は地方・国家を問わず一律に争議権が認められていない。地方公営企業や現業の公務員の団結権・団体交渉権は保障されているが，一般職の公務員にはこのうち団体交渉権の一部（団体協約の締結）が認められていない。

5 × 「仲裁裁定は法的拘束力を持たない」が誤り。仲裁裁定は労働協約と同じ効力を持つ。なお，**労働関係調整法**では，あっせん，調停，仲裁を次のように規定している。いずれも当事者の要請に基づき，労働委員会が紛争を調整する。

あっせん…あっせん員個人が当事者間を調整する。

調停…調停委員会が両者の言い分を聞き，調停案の受諾を勧告する。

仲裁…仲裁委員会が拘束力を持つ仲裁裁定を出す。

☞確認しよう ➡労働三法（労働基準法・労働組合法・労働関係調整法） 正答 **1**

参考 ショップ制
労働者と労働組合の関係を，使用者と労働組合との間で結ぶ労働協約によって定める制度。①オープン・ショップ，②ユニオン・ショップ，③クローズド・ショップ，④エージェンシー・ショップ制の4つがある。

FOCUS

労働三権・労働三法の確実な理解が必要。特に公務員の三権の制限・禁止は要注意。また，わが国の就業構造の変化・失業率の動向についての出題も多く，国際比較とともにチェックしておこう。なお，労働関係調整法は労働組合が関わる集団紛争の調整制度であるが，個々の労働者の個別紛争には個別労働関係紛争解決促進法や労働審判法による解決の仕組みがある。

要点の まとめ

重要ポイント **1** 日本の就業構造

労働力人口・労働力比率，産業部門別就業者割合，完全失業率とその国際比較などが問われる（以下の表の資料は総務省統計局「労働力調査」）。

■労働力人口・労働力人口比率の推移 （年平均）

	労働力人口 (万人)	労働力人口比率 （%）		
		男	女	男女
1997（平成9）年	6,787	77.7	50.4	63.7
2000（ 12）年	6,766	76.4	49.3	62.4
2002（ 14）年	6,689	74.7	48.5	61.2
2005（ 17）年	6,651	73.3	48.4	60.4
2010（ 22）年	6,632	71.6	48.5	59.6
2019（令和元）年	6,886	71.4	53.3	62.1

※労働力人口比率は，労働力人口が15歳以上人口に占める割合。労働力人口および労働力人口比率は近年，減少・低下傾向にある。

■日本の完全失業率の推移

	失業者数 (万人)	失業率 （%）		
		男	女	男女
1997（平成9）年	230	3.4	3.4	3.4
2000（ 12）年	320	4.9	4.5	4.7
2002（ 14）年	359	5.5	5.1	5.4
2005（ 17）年	294	4.6	4.2	4.4
2010（ 22）年	334	5.4	4.6	5.1
2019（令和元）年	162	2.5	2.2	2.4

※完全失業者数・完全失業率ともに，2002年に最多・最高を記録した。2008年に入ってからの世界的な不況の影響で雇用情勢が急速に悪化したが，2011年から完全失業率は低下に転じている。

■産業3部門別就業者割合の推移（資料：総務省「国勢調査」）

	1960年	1970年	1980年	1990年	2010年
第一次産業	30.2%	17.4%	10.4%	9.0%	5.8%
第二次産業	28.0	35.1	34.8	36.5	28.2%
第三次産業	41.8	47.5	54.8	54.5	60.8%

第3章

社会

重要ポイント **2** **労働時間・労働組合**

 わが国の年間総実労働時間の推移と労働組合の組織率にも注意。労働時間では，減少要因と国際比較が問われる。

■労働時間

　完全週休2日制の普及，週40時間労働制の施行，パートタイマーの増加などにより労働時間は短縮傾向が続いている。わが国の年間総実労働時間は，1960年の2,432時間をピークに減少し続け，2018年には1,680時間となった。アメリカは1,786時間，イギリスは1,538時間，ドイツは1,363時間。

■労働組合

　わが国の2019年6月現在の雇用者数は6,023万人，組合員数は約1,008万8,000人で，労働組合の推定組織率（雇用者数に占める労働組合員数の割合）は16.7％である。近年は雇用者数の伸びが大きいため，組合員数は増加傾向にあるが，組織率の長期低下傾向は続いている。なお，アメリカの組織率は10.3％，イギリスは23.5％（2019年）。

ここにも注意

　働き方の多様化，「ワーク・ライフ・バランス（仕事と生活の調和）」の実現の観点から，労働基準法，男女雇用機会均等法，育児・介護休業法，過労死等防止対策推進法などに注意。また，「同一労働同一賃金」に向けて改正された労働者派遣法とパートタイム・有期雇用労働法，有期労働契約の無期契約への転換が規定された労働契約法も要チェック。

実戦問題

① 令和元年9月に厚生労働省が発表した「令和元年版労働経済白書」における現在の日本の労働事情についての記述として，最も妥当なのはどれか。

【東京消防庁・平成24年度・改題】

1 人手不足感は2019年には1990年代初頭に次ぐ水準の高さとなり，企業規模別では大企業，産業別では製造業において特に高い。

2 就業者の中で雇用者が占める割合は減少傾向にあり，1980年には9割であったが2018年には7割まで減少した。

3 2018年の女性雇用者の中での派遣社員や契約社員，パート等の非正規雇用の割合は，男性雇用者に占める非正規雇用の割合よりも高い。

4 有効求人倍率は，完全失業率の上昇に伴って低下しており，最近では2009年から2018年の間に，0.45倍まで低下した。

5 正社員が働きやすさの向上のために重要と考える企業側の雇用管理をみると，男女別・年齢階級別のいずれも「有給休暇の取得推進」が最多であり，次いで「職場の人間関係やコミュニケーションの円滑化」である。

② わが国における近年の雇用事情に関する記述として妥当なのはどれか。

【地方初級・平成25年度】

1 結婚・出産など，女性のライフイベントが就業に及ぼす影響は大きく，女性の雇用総数は全体の1割に満たない。

2 就職後3年以内の離職率を見ると，中卒者よりも大卒者のほうが高くなっている。

3 平成20年に障害者雇用促進法が制定されたことを受けて，法定雇用率を達成している企業は全体の半数を超えている。

4 非正規雇用者は労働者全体の約2分の1を占め，年齢層別に見ると壮年層が最も多くなっている。

5 少子高齢化を背景として，定年年齢の引上げなど高齢者雇用の拡大が進んでいる。

3 わが国の労働事情等に関する記述として最も妥当なのはどれか。
【国家一般職／税務・平成24年度・改題】

1 日本国憲法では，民間の労働者および一般職の公務員には団結権・団体交渉権・争議権の労働三権が保障されているが，警察・消防や自衛隊の職員には団結権しか保障されていない。

2 労働三権の内容は，労働基準法，労働組合法，職業安定法のいわゆる労働三法でより具体的に定められており，労働組合法では不当労働行為として労働組合による違法な争議を禁じている。

3 労働組合員数および推定組織率（雇用者数に占める労働組合員数の割合）はバブル経済崩壊後の非正規雇用の増加に伴って大きく増加・上昇に転じ，令和元年現在では，後者は約40％である。

4 育児・介護休業法によって，男女ともに育児休業を取得できるが，その取得率は男女で大きく差があり，令和元年度では女性は80％を超えているが，男性は10％にも達していない。

5 わが国の失業率は近年の不況の影響により大幅に上昇しており，平成22年には，10％台に到達した。これはアメリカ合衆国やドイツ，フランスに比べて，高い数値となっている。

4 わが国の労働事情に関する記述として，最も妥当なのはどれか。
【国家Ⅲ種・中途採用者・平成23年度】

1 求職者に対して職業紹介を行うハローワークは，かつては公共職業安定所と呼ばれる地方自治体の一機関であったが，現在は民営化されている。

2 勤労権，団結権，団体交渉権は労働三権と呼ばれ，憲法で保障されている。欧米で認められている争議権が，わが国の労働者には認められていない。

3 募集，採用，配置，昇進などに関しての男女差別の禁止については，いわゆる男女雇用機会均等法に定められている。また，セクシャル・ハラスメントの防止義務が事業主に対して課されている。

4 わが国では，労働力の確保のために，外国人労働者が単純労働に就くことを認めているが，教育や技術などの専門的職業に従事することは認めていない。

5 育児・介護に従事する労働者のため，いわゆる育児・介護休業法が制定されている。育児休業の利用は女性に限られているが，介護のための休業は男女どちらでも利用可能である。

1 完全失業率や有効求人倍率の動向に加え，近年の人手不足に関わる労働事情
についての知識が解法のカギ。

1 × 人手不足感は1990年代初頭のバブル期に次ぐ水準の高さにあり，特
に，中小企業・非製造業おいて高くなっている。

2 × 就業者の中で雇用者が占める割合は増加傾向にあり，2018年には
89.1％となった。他方，自営業主・家族従事者は減少傾向にある。

3 ◎ 正しい。2015年以降，正規・非正規ともに雇用者数は増加している。
2018年は男性雇用者のうち正規が2339万人，非正規が669万人だっ
たのに対して，女性は正規1137万人，非正規1451万人であった。

4 × 完全失業率が2009年以降低下傾向なる一方，有効求人倍率は2009年
度平均の0.45倍から増加し，2018年度は1.62倍であった。

5 × 男女別・年齢階級別のいずれも，「職場の人間関係やコミュニケー
ションの円滑化」が最多であり，次いで「有給休暇の取得推進」，「労
働時間の短縮や働き方の柔軟化」の順となっている。

確認しよう ➡日本の労働形態の変化　　　　　　　　　　　**正答** 3

2 女性や障害者，高年齢者の雇用に関する動向が問われている。雇用者数の増
減や雇用形態の変化など最新情報を押さえておこう。

1 × 「令和元年版働く女性の実情」によると，令和元年の女性雇用者数は
2720万人（前年より49万人増）であり，雇用者総数に占める割合は
45.3％（0.3％上昇）であった。

2 × 「新規学卒者の離職常況（平成29年3月卒業者の状況）」によると，
就職後3年以内離職率は，高い順に中学59.8％，短大など43.0％，高
校39.5％，大学32.8％である。

3 × 昭和35年制定の障害者雇用促進法規定の法定雇用率（民間企業
2.2％）の達成割合は2019年は48％であり半数に満たない。なお，法
定雇用率は2021年3月から2.3％に引き上げの予定である。

4 × 「労働力調査（基本集計）」によると，2019年の非正規雇用者の割合
は38.2％であるが，65歳以上，15～24歳では半数を超えている。

5 ◎ 正しい。高齢者雇用安定法により雇用の拡大が推められている。

確認しよう ➡雇用者数の推移，雇用形態の変化，高齢者雇用の拡大　　**正答** 5

3 労働三権についての基本的知識とともに，近年の労働事情についてポイントとなる数値を確認しておくこと。

1 × 労働三権（団体権・団体交渉権・争議権）は民間の労働者に保障されているが，すべての公務員には争議権が認められていない。警察・消防や自衛隊の職員には労働三権すべて認められていない。

2 × 労働三法とは，労働基準法，労働組合法，労働関係調整法をいう。また，不当労働行為とは，使用者による労働者や労働組合に対する妨害行為をいう。

3 × 労働組合員数は平成6年をピークに減少傾向にあったが，近年は微増傾向にある。推定組織率は減少が続き令和元年は16.7％。

4 ◎ 正しい。令和元年度の女性の取得率は83.0％であり13年連続80％を超えている。男性も上昇しているものの，7.48％である。

5 × リーマンショック後の平成22年に5.1％に達し，現在まで減少を続けているが，一貫してアメリカ，ドイツ，フランスを下回っている。

☞確認しよう ➡労働三権，不当労働行為，育児・介護休業法 **正答** 4

4 労働三権，男女差別，育児休業，外国人労働者についての基礎的知識とともに，基本的な労働行政の仕組みの理解が問われている。

1 × ハローワークは民営化されていない。国（厚生労働省）が設置する機関である。

2 × 労働三権とは，団結権，団体交渉権，争議権（団体行動権）をいう。民間労働者には労働三権すべてが認められているが，公務員は労働三権の一部，もしくはすべてを制限されている。

3 ◎ 正しい。この場合の**セクシャル・ハラスメント**は，女性が女性に対して，あるいは男性が男性に対して行う場合も含まれる。

4 × わが国では経済社会の活性化やグローバル化を図るため，専門的知識，技術を持つ外国人労働者を積極的に受け入れている。

5 × 育児休業も介護休業も，男女どちらでも利用できる。2010年の育児・介護休業法の改正により，これまで適用されていなかった100人以下の企業についても2012年7月から全面適用となった。

☞確認しよう ➡男女雇用機会均等法，育児・介護休業法 **正答** 3

テーマ3 環境・エネルギー問題

重要度

重要問題

次は，地球環境問題に関する記述であるが，A，B，Cに当てはまるものの組合せとして最も妥当なのはどれか。

【国家一般職／税務／社会人・令和2年度】

地球温暖化が進むと，気温上昇により異常気象が増加するなどの悪影響が予想されている。地球温暖化防止のため，1992年，国連環境開発会議（地球サミット）が開催され，温暖化対策のための（　A　）が採択された。2015年の同条約締約国会議では，開発途上国を含むすべての締約国が温室効果ガスの削減に取り組む新たな枠組みである（　B　）が採択された。また，地球上には多様な生物種が存在しており，生態系は微妙なバランスの下に成り立っている。

急激な生物種の減少による生態系の変化の影響は計り知れないものがあり，こうした危機に対応するため，1971年，水鳥の生息地として国際的に重要な湿地とそこに生息・生育する動植物の保全を目的とした（　C　）が採択された。

	A	B	C
1	ワシントン条約	パリ協定	ラムサール条約
2	ワシントン条約	パリ協定	バーゼル条約
3	ワシントン条約	京都議定書	ラムサール条約
4	気候変動枠組条約	パリ協定	ラムサール条約
5	気候変動枠組条約	京都議定書	バーゼル条約

解説

地球環境問題に対する国際的取組みの歴史を，その具体的内容も含めて整理しよう。

温室効果ガス：赤外線を吸収する気体のこと。自然に存在する水蒸気，オゾ

ンのほか，人為的なものの代表として二酸化炭素（CO_2），メタン，亜酸化窒素，フロン，代替フロンなどがある。地球は赤外線の放射によって冷えているが，温室効果ガスの濃度が高まると，地表の温度が上昇し（地球温暖化），深刻な環境問題を引き起こすことになる。

A 気候変動枠組条約。1992年，ブラジルのリオデジャネイロでの国連環境開発会議（地球サミット）において，地球温暖化対策を目的に採択された。この会議では生物多様性条約も締結されている。「ワシントン条約」は解説**C**を参照。

B パリ協定。2015年，フランスのパリで開催された気候変動枠組条約締約国会議（COP21）において，2020年以降の開発途上国を含むすべての国が削減に取り組む枠組みとして採択され翌年発効した。

C ラムサール条約。1971年に採択された国際的に重要な湿地とそこに生息・生育する動植物の保全を目的とした条約。「ワシントン条約」は，1973年にアメリカのワシントンD.C.での国際会議で，絶滅の恐れのある野生動植物の保護と国際取引の規制を目的に採択された。「バーゼル条約」は，1989年にスイスのバーゼルでの国連環境計画主催の会議で，有害廃棄物の国際移動を規制する目的で採択された。

 確認しよう ➡地球環境問題の国際的な取組み（会議，条約） **正答** 4

参考 パリ協定：世界共通の長期目標として，産業革命前からの平均気温の上昇を2℃より十分下方に保持すること，また1.5℃に抑える努力を追求することを目的としている。全ての国が削減目標を5年ごとに見直し実施状況を国連に報告すること，先進国が途上国に資金支援を行うことも定められている。

FOCUS

　地球環境問題を初めて議論した国際会議は，1972年にスウェーデンのストックホルムで開催された国連人間環境会議である。「かけがえのない地球」をスローガンに「人間環境宣言」を採択し，また国連環境計画（UNEP）の設立を決議した。

　2015年に京都議定書に代わる新たな温暖化対策の枠組みのパリ協定が採択された。京都議定書との違いや発効までの経緯などを押さえておきたい。そのほか，国内の環境問題関連の法律についても要チェック。

重要ポイント **1** 地球温暖化

現在の地球温暖化の主因物質は二酸化炭素（CO_2）であり，その削減のための国際的取組みが問われる。

■温室効果ガスの主な排出原因

二酸化炭素（CO_2）：化石燃料（石炭・石油・天然ガス）の燃焼

メタン：農業や廃棄物の埋立て

亜酸化窒素：燃料の燃焼や廃棄物の焼却

ハイドロフルオロカーボン（HFC）：代替フロンで，冷蔵庫・空調機器などの冷媒として近年使用が急増。

■二酸化炭素の寄与度と排出量

地球温暖化への寄与度：二酸化炭素の大気中の濃度は，産業革命以前に比べて約4割増え，温暖化への寄与度は約6割にのぼる。日本の場合，排出される温室ガスの91.7％（2018年）が二酸化炭素である。

国別の二酸化炭素排出量：中国28.2％，アメリカ14.5％，インド6.6％，ロシア4.7％で，この4か国で全体のおよそ半分を占めている（2017年）。

地球温暖化の影響：海面上昇などが引き起こす自然災害の増加，食糧生産の不均衡，生態系への打撃，人の健康への悪影響が懸念されている。

■地球温暖化に対する国際的取組み

気候変動に関する政府間パネル（IPCC）：各国政府選出の研究者によるレベルの検討の場として，世界気象機関（WMO）と国連環境計画（UNEP）が共同で1988年設立。

国連気候変動枠組み条約締約国会議（COP）：1992年に国連環境開発会議（地球サミット）が開催され，「環境と開発に関するリオ宣言」とその行動計画である「アジェンダ21」が採択された。また，気候変動枠組条約，生物多様性条約などが締結された。

　1997年の気候変動枠組条約第三回締約国会議（COP3。京都市開催）で作成された京都議定書（2020年までの枠組み）では，先進国に対して温室効果ガスの排出削減義務が課された一方，途上国には課されなかった。アメリカは未批准であり，日本は2013年からの第二約束期間には参加しなかった。2015年の第21回締約国会議（COP21。パリ開催）で採択されたパリ協定では，2020年以降の枠組みとして途上国も含めすべての国が

参加する制度が構築され，2018年（COP24）には本格運用に向けた実施指針の採択がなされた。アメリカは締結後2020年に離脱したが復帰。

パリ協定：2015年にパリで開かれたCOP21で，2020年以降の新たな温暖化対策の国際的枠組みとなるパリ協定が採択され，発展途上国を含むすべての国が参加して温暖化対策に取り組むこととなった。2016年のCOP22では，開催に先立ち発効したパリ協定に実効性を持たせるためのルール作りを2018年までに決めることで合意した。

重要ポイント ② オゾン層の破壊

 オゾン層の破壊の主因物質が何であるかが問われる。国際的取組みではモントリオール議定書が要チェック。

■**オゾン層破壊の原因と影響**

　地球上のオゾンの大部分は，地上約10〜50km上空の成層圏に存在し，オゾン層を形成している。オゾン層は太陽光に含まれる有害紫外線を吸収して地上の生物を守っているが，人工の化学物質によって破壊されている。

原因物質：フロン類，ハロン，臭化メチル

破壊の影響：皮膚がん・白内障などの健康被害，植物やプランクトンの生育阻害のほか，南極上空でのオゾンホールの拡大など。

■**オゾン層保護の国際的取組み**

ウィーン条約：1985年3月採択，88年9月発効。日本は88年12月に締結。

モントリオール議定書：ウィーン条約に基づき1987年9月採択，88年1月発効。日本88年に締結。

※日本では，オゾン層保護法（特定物質の規制等によるオゾン層の保護に関する法律）が1988年5月に制定された。

重要ポイント ③ 生物多様性の減少

 生物多様性とは何を表すのか，その保全のための国際的取組みが問われる。

■**生物多様性とは**

地球上に存在するすべての生物は生態系を維持し，人類に多大な恩恵をも

たらしているという考え方。環境破壊が進むにつれ，生態系のバランスが乱れ，1年に4万種もの生物が絶滅しているという。環境省や国際自然保護連合（IUCN）などが絶滅の恐れのある野生動物について「レッドリスト」を作成している。

■生物多様性の保全に対する国際的取組み

ラムサール条約：1971年，イランのラムサールでの国際会議で，国際的に重要な湿地とそこに生息・生育する動植物の保全を目的に採択された。

ワシントン条約：1973年，アメリカのワシントンD.C.での国際会議で，絶滅の恐れのある野生動植物の保護と国際取引の規制を目的に採択された。

■生物多様性条約（CBD）

1992年，地球サミットで採択，93年発効。日本も同時に締結。

同条約の目的は，①生物の多様性の保全，②生物資源の持続可能な利用，③遺伝資源の利用から生ずる利益の公平かつ衡平な配分，の3つである。

名古屋議定書：2010年に名古屋で開催された第10回締約国会議では，遺伝資源を利用する際の利益配分の国際ルールを定めた「名古屋議定書」と，2020年までの生態系保全目標「愛知ターゲット」が採択された。

名古屋議定書は，遺伝資源を利用する場合は事前に提供国の同意を得ること，遺伝資源の利用によって生じた利益は提供国にも公正に配分することなどが定められた。日本は2011年に署名。2014年10月に批准国が50か国を超え，名古屋議定書が発効となった。

 重要ポイント 4 酸性雨

硫黄酸化物や窒素酸化物の大気汚染物質を取り込んで生じる酸性雨は最頻出の事項で，発生源と影響についての出題が多い。

■酸性雨の発生と影響

火力発電所，工場，自動車などから硫黄酸化物や窒素酸化物が排出	大気中で硫酸，硝酸などに変化し拡散	硫酸，硝酸が取り込まれて降下（酸性雨）

酸性雨の特徴：国境を越えた広域的な特徴を持つ。

酸性雨の影響：湖沼や河川などの陸水の酸性化による魚類への影響。土壌の

酸性化による森林への影響。樹木や文化財への沈着。

酸性雨対策：1979年に欧米諸国が「長距離越境大気汚染条約」を締結。日本では，環境省が「東アジア酸性雨モニタリングネットワーク構想」を提唱，2001年から本格的にスタートした。

重要ポイント5　化学物質による環境汚染

環境ホルモンやダイオキシンなどの人体への影響が懸念されている。発生源や防止策などが問われる。

■**環境ホルモン**

環境ホルモンとは，生体内に入ってホルモンの正常な働きを乱す化学物質の総称で，内分泌かく乱化学物質とも呼ばれ，生殖機能障害や悪性腫瘍などを引き起こすとされる。代表的な物質に，すでに使用や製造が禁止されているDDT，PCBのほか，有機スズ化合物トリブチルスズ（TBT），ダイオキシンなどがある。

■**ダイオキシン**

ダイオキシンは，炭素・水素・塩素を含むものが燃える工程などで発生する毒性が強く発がん性を持つ物質。2000年1月にダイオキシン類対策特別措置法が施行され，ダイオキシンの総排出量が規制された。

重要ポイント6　資源・エネルギー

原油，石炭，天然ガスなどがどの地域で多く埋蔵・産出されているのかが出題される。シェールガス・シェールオイルなどの開発進展，原子力に代わる新たなエネルギー源にも要注意。

■**主要エネルギー資源の埋蔵量と可採年数**

エネルギー資源	可採年数	地域別埋蔵量割合
石炭	132年	アメリカ23.7%，ロシア15.2%
原油	50.0	中東48.3%，ベネズエラ17.5%
天然ガス	50.9	中東38.4%，欧州・ロシア・その他の旧ソ連邦諸国33.9%

ウラン	99	オーストラリア25.7%, カザフスタン11.3%

（ウランは2018年，その他は2018年の数値：資源エネルギー庁「エネルギー白書2018」より）

※世界のエネルギー消費量は，アジアを中心とする発展途上国で増加している。エネルギー源の主力は石油で，34.2％（2017年）を依存している。

■資源の有効活用

循環型社会：天然資源の消費をできるだけ少なく抑えたり，有効利用したりして，廃棄物の発生を最小限に抑え，環境への負荷が低減される社会をいう。「3R」（リデュース〈発生抑制〉，リユース〈再利用〉，リサイクル〈再生利用〉）が循環型社会形成のキーワードとなる。循環型社会形成推進基本法（2000年6月施行）に基づき，政府は5年ごとに循環型社会形成推進基本計画を作成。第4次計画（2018年閣議決定）は，地域循環共生圏形成による地域活性化，ライフサイクル全体での徹底的な資源循環などの方向性を掲げている。

　容器包装リサイクル法に基づき2020年に小売業を対象としてレジ袋が有料化された。ただし，持ち手のないものや環境性能が認められたものは対象外であり，また事業としての小売でない場合も対象とならない。

バイオマス活用推進基本計画：バイオマスとは，資源作物や生ごみ，木くず，家畜排せつ物など，再生可能な生物由来の有機性物質のことで，新たなエネルギー源として注目されている。2009年9月にバイオマス活用推進基本法が施行された。国の活用推進基本計画（現在第2次。2016年閣議決定）のもと都道府県・市町村それぞれに活用推進計画を策定する努力義務がある。

再生可能エネルギー特別措置法：太陽光や風力など再生可能エネルギーによる電力の利用を促進（2012年施行）。電力会社が一定期間・一定価格で買い取る固定買取（FIT）制度に加え，2022年からは市場連動型のFIP制度が創設される。

実戦問題

1 環境問題に関する記述として，最も妥当なのはどれか。

【警察官・平成23年度】

1 生物多様性が損なわれると遺伝子治療をはじめとする医療分野の技術発展が望めなくなり，いわゆる生態系サービスの一側面である「医療的サービス」が得られなくなる。

2 酸性雨は工業の盛んな国，地域で発生する環境問題であり，地球温暖化のように多数の国にまたがる環境問題と比較すると，規模が小さい。

3 砂漠化は気候変動に伴う干ばつが原因で発生する環境問題であり，地球温暖化と密接な関係があるが，森林伐採に伴う森林消失の問題とは直接関係がない。

4 大気中に放出されたフロン等が原因で発生するオゾンホールが問題となっていたが，モントリオール議定書でオゾン層破壊物質の規制が行われた結果，オゾンホールは消失した。

5 黄砂は自然現象と考えられていたが，近年は人為的な要因の影響も指摘されるようになっており，その対策は中国，韓国，日本の共通の関心事となっている。

2 環境問題に関するA～Dの記述のうち，妥当なものを選んだ組合せはどれか。

【特別区・平成20年度】

A 酸性雨とは，主として工場からの煙に含まれて排出される一酸化炭素や塩素等によって引き起こされる強い酸性の雨であり，東南アジアにおける森林消失の最大の原因となっている。

B フロンは，オゾン層を破壊し，生物に有害な紫外線の量を増加させ，人の健康などに悪影響を及ぼす原因となるものであり，モントリオール議定書により，その規制措置が定められた。

C ダイオキシンは，放射性廃棄物により発生し，汚染された農作物や魚介類の摂取により人体に取り込まれることでホルモンの正常な作用を阻害し，その成長を妨げるものである。

D 温室効果ガスとは，地球温暖化の原因となる二酸化炭素などをいい，京都議定書では，温室効果ガスの削減のため，その排出量の数値目標が決められた。

1 A，B
2 A，C
3 A，D
4 B，C
5 B，D

社会

第3章

③ 地球環境問題への取組みに関する記述として，妥当なのはどれか。

【特別区・平成27年度】

1 1972年にストックホルムで開催された国連人間環境会議は，「かけがえのない地球」をスローガンに，環境問題が国際的に検討された会議であり，人間環境宣言を採択した。

2 1992年にリオデジャネイロで開催された国連環境開発会議は，「環境と開発に関するリオ宣言」を採択し，これを実施するため，同年末の国連総会の決議に基づいて，国連環境計画（UNEP）が設立された。

3 1997年に京都で開催された地球温暖化防止京都会議は，大量の二酸化炭素を排出する発展途上国に温室効果ガス排出の削減義務を数値目標として定め，これに法的拘束力を持たせた京都議定書を採択した。

4 2002年にヨハネスブルグで開催された持続可能な開発に関する世界首脳会議は，アジェンダ21の見直しについて協議が行われ，各国の指針となる実施計画が採択された。

5 2010年に名古屋で開催された生物多様性条約締約国会議は，絶滅のおそれのある野生動植物とその製品の国際取引を禁じ，生物種の保護のうえで特に重要な湿地を保護するルールをまとめた名古屋議定書を採択した。

④ わが国の公害問題と環境保全に関する記述として，妥当なのはどれか。

【特別区・平成24年度】

1 第二次世界大戦後の高度成長期には，石油コンビナートの工場群から排出された硫黄・窒素酸化物等を原因とするイタイイタイ病が三重県で発生し，大きな社会問題となった。

2 わが国では，公害の防止費用や公害による損失は発生企業が負担する汚染者負担の原則が導入されているが，発生企業が無過失の場合は，被害者への賠償責任を負うことはない。

3 環境アセスメントは，大規模開発を行う前に，開発による環境への影響を調査，予測，評価することで，その事業に係る環境の保全について適正な配慮がなされることを目的とする。

4 アスベストとは，内分泌かく乱物質（環境ホルモン）であり，動物の生体内に取り込まれて，生殖機能などに影響を与えると指摘されている。

5 多発する産業公害に対応するため，国は，従来の環境基本法を発展的に解消し，新たに公害対策基本法を制定した。

5 資源・エネルギー問題に関する記述として，最も妥当なのはどれか。

【東京消防庁・平成23年度】

1 現在では，石油が二次エネルギーの中心になり，電力などの一次エネルギーが経済の基盤をなしている。

2 発電とともに蒸気や熱などを後工程で再利用するのが，ゼロエミッションである。

3 バイオマスは生物エネルギーのことで，家畜のふん尿から出るメタンガスや，可燃ごみを利用するなど有機物をエネルギー源とする。

4 2000年には廃棄物対策とリサイクル対策を総合的，計画的に推進する目的で「リサイクル基本法」が制定された。

5 資源大量消費型生活スタイルから省資源型生活スタイルへ改めるため3Rの心がけが進められている。3Rとは，「リフューズ」「リユース」「リサイクル」の3つである。

6 資源・エネルギーに関する記述として，妥当なのはどれか。

【特別区・令和2年度】

1 メタンハイドレートは，頁岩（けつがん）の層から採掘される天然ガスのことで，アメリカでは新しい技術によって生産コストが低下している。

2 スマートグリッドとは，発電時の排熱を冷暖房や給湯等に利用し，熱効率を高めるものである。

3 レアメタルは，地球上に存在量が少ないか，技術的・経済的理由で抽出困難な金属であり，プラチナ，リチウム，ニッケル，レアアース等がある。

4 再生可能エネルギーとは，発電時に二酸化炭素を排出しないものであり，これには太陽光，地熱，風力，水力，波力，原子力等がある。

5 シェールガスとは，トウモロコシを発酵させて生産する等，動植物が由来の資源のことである。

社会

7 食料や水資源の問題に関する記述として最も妥当なのはどれか。

【国家一般職／税務／社会人・令和元年度】

1 飽食とは，モノカルチャー経済が進んでいるサハラ以南アフリカなどの地域において，生産している食料に偏りがあり，その地域で暮らす人々の栄養バランスが悪くなることをいう。

2 フェアトレードとは，輸入枠および関税の撤廃など，世界の貿易がより自由に，適正な価格で行われることを目的とする取組のことをいう。

3 乾燥地帯が広がる東アジアや欧州においては，水不足への対策として，地下水をくみ上げて形成されたオアシスを中心に市街地を整備するセンターピボット方式を採用する国が多くみられる。

4 先進国を中心に，近年，水資源の汚染を原因とした水不足の問題が発生している。これに対して各国は，海水淡水化技術の開発など，水資源を守る「緑の革命」という取組を進めている。

5 穀物の中には，飼料やバイオエタノールの原料となるものがある。これらの需要の増加は，食用穀物の供給を不安定にする要因の一つであるといわれている。

8 環境に配慮した生活に関する記述として，妥当なのはどれか。

【東京都・平成25年度】

1 グリーンコンシューマーとは，環境のことを考えて主体的に行動する消費者のことであり，グリーンコンシューマー10原則には，必要なときではなく週末などにまとめて多めに買う，使い捨て商品は包装を断って買うなどがある。

2 環境共生住宅とは，地球温暖化防止の観点から，居住環境は重視しないが，エネルギー，資源などの面で十分な配慮がなされている住宅のことである。

3 エコマークとは，省エネ法により定められた省エネ基準をどの程度達成しているかを表示するものであり，基準を達成している製品には緑色のマークを，達成していない製品にはオレンジ色のマークを表示する。

4 循環型社会の実現のために必要な3つのRとは，廃棄物の発生抑制（リデュース），再使用（リユース）および再生利用（リサイクル）をいう。

5 環境家計簿とは，日常生活の環境への負荷の程度を光熱水費の金額から計算することにより，コスト意識を高め，家計全体の見直しを図るものである。

実戦問題●**解説**

① 酸性雨や砂漠化，黄砂など，環境に及ぼす影響とその発生の原因が解法のカギ。

1 × 生態系サービスとは，水や食料，気候の安定など，生物多様性が人間に提供してくれる自然の恩恵のことで，供給サービス，調整サービス，文化的サービス，基盤サービスの4つがある。記述の「医療的サービス」はない。

2 × 酸性雨は，森林を破壊して二酸化炭素の処理能力を低下させ，地球温暖化の原因の一つになっている。その影響は広範囲に及ぶ。

3 × 気候変動のほか，必要以上に木を切り倒すことも砂漠化の原因。

4 × 1987年のモントリオール議定書の採択などで，オゾン層を破壊する物質の排出抑制が進み，**オゾンホール**の拡大傾向は収まりつつあるが，いまだに南極上空に存在する。

5 ◎ 正しい。黄砂の発生については，森林の減少，耕地の拡大など，人為的な要因もあると考えられている。

☞**確認しよう** ➡環境問題とその要因（酸性雨，砂漠化，オゾンホール，黄砂）

正答 5

② 環境を悪化させる現象と物質の発生，また，それが引き起こす環境への影響に関する知識がカギ。

A 酸性雨は，化石燃料を燃やすと生じる**硫黄酸化物**や**窒素酸化物**が大気中で硫酸や硝酸に変じ，雨などに含まれる現象。酸性雨による森林の被害はドイツなどヨーロッパで顕著だが，東南アジアの森林消失の原因は，焼畑移動耕作や開墾，放牧などである。

B 正しい。

C ダイオキシンは，除草剤に不純物として含まれている有機塩素化合物のこと。塩素を含む有機化合物が低温で燃えると発生する。

D 正しい。

したがって，**5**が正答である。

☞**確認しよう** ➡環境問題を引き起こす現象と物質（酸性雨，フロン，ダイオキシン，温室効果ガス）

正答 5

③ 環境保全に関する国際的取組みの歴史と，主な条約などの内容についての知識が解法のカギ。

1 ◎ 正しい。国連が初めて環境問題に取り組んだ国際会議であり，国連環境計画（UNEP）の設立が決議された。

2 × 1992年の国連環境開発会議では，「環境と開発に関するリオ宣言」と，その行動計画としての「アジェンダ21」が採択された。

3 × 1997年の地球温暖化防止京都会議では，先進国に温室効果ガス排出削減の数値目標が設定される一方で，途上国には設定されなかった。

4 × 2002年の「持続可能な開発に関する世界首脳会議」は南アフリカのヨハネスブルグで開催された。「アジェンダ21」の見直し等が議論され「ヨハネスブルグ宣言」と実施計画が採択された。

5 × 2010年の生物多様性条約締約国会議では遺伝資源の利用に関する名古屋議定書が採択された。絶滅のおそれのある野生動植物とその製品の国際取引の規制を行うのはワシントン条約であり，重要な湿地の保護を規定するのはラムサール条約である。

☞確認しよう ➡国連による地球環境問題の取組み　　　　　　　**正答 1**

④ わが国で起きた公害事件や環境破壊防止への取組みに関する知識が問われている。

1 × 記述の説明は「イタイイタイ病」ではなく，四日市ぜんそくのこと。イタイイタイ病は，富山県神通川流域で発生した公害病で，原因は三井金属鉱業神岡鉱山から流れたカドミウムを含む排水。

2 × 汚染者負担の原則は，1972年にOECD（経済協力開発機構）が提案したもので，公害を発生した企業に過失がなくても損害賠償責任を負わせる無過失賠償責任制度がある。

3 ◎ 正しい。

4 × アスベストは石綿ともいい，天然の鉱物である。アスベストは，肺がんや中皮腫などを引き起こすといわれている。

5 × 公害対策基本法（1967年制定）は，環境基本法（1993年制定）の前身に当たる。

☞確認しよう ➡日本の公害問題，環境アセスメント　　　　　　**正答 3**

5 エネルギーを生み出す資源や廃棄物対策，リサイクル対策に関する知識が必要。再生可能エネルギーが解法のカギ。

1 ✕ 原油や天然ガスなどの資源を一次エネルギーといい，それを電気，灯油などに変換したものを二次エネルギーという。

2 ✕ 記述の説明は，**コージェネレーション**のことである。ゼロエミッションは，産業活動で排出された廃棄物などをほかの資源に活用し，最終的に廃棄物をゼロにしようという取組み。

3 ◎ 正しい。再生可能エネルギーとしてバイオマスが注目されている。

4 ✕ 2000年に制定されたのは「リサイクル基本法」ではなく，循環型社会形成推進基本法である。

5 ✕ 3Rは，リデュース（発生抑制），リユース（再使用），リサイクル（再利用）の3つである。

☞確認しよう ➡一次エネルギー，新エネルギー　　　　　正答 **3**

6 近年の資源やエネルギー事情について，ニュースなどを通じ新しい知識を確認しておきたい。

1 ✕ メタンハイドレートとは，メタンガスが水分子と結びついた氷状の物質である。深海の地層や永久凍土から発見され，次世代エネルギー源として期待されている。設問はシェールガスの説明。

2 ✕ スマートグリッドとは，効率的に需給バランスをとり，電力の安定供給を実現する電力送配電網をいう。

3 ◎ レアメタルは，地球上に存在量が少ないか，存在量が多くとも技術的・経済的理由で抽出困難な金属をいい，プラチナ，リチウム，ニッケルなどがあげられる。レアメタルのうち17元素がレアアースと呼ばれ先端技術製品に不可欠な素材となっている。

4 ✕ 再生可能エネルギーは，二酸化炭素など温室効果ガスを排出せず，枯渇する心配がないエネルギー源をいう。原子力は含まれない。

5 ✕ 頁岩（シェール）層に残留している天然ガスをシェールガス，原油をシェールオイルという。新技術の開発や原油価格の高騰で「シェール革命」と呼ばれる開発ブームが起きた。設問はバイオマスの説明。

☞確認しよう ➡再生可能エネルギー・新エネルギー，レアメタル　　　　　正答 **3**

⑦ 食料・水資源問題の歴史や基本的な知識を整理するとともに，新しいトピックスについても確認しておきたい。

1✕ 飽食とは，飽きるまで食べること，食物に不自由しないことをいう。

2✕ フェアトレードとは，開発途上国の農産物等の産品を直接，適正・公正な価格で購入し，生産者の経済的・社会的な自立を支援する運動をいう。

3✕ センターピボット方式とは，地下水をくみ上げ円形に散水する灌漑システムであり，アメリカの乾燥地帯でこれによる大規模農業が行われてきたが，現在はサウジアラビアの砂漠地帯等でも採用されるようになっている。

4✕ 緑の革命とは，1960年代中ごろから農業技術の革新と品種改良により開発途上国において計画された飛躍的な食料増産をいう。

5◎ 正しい。近年，さとうきびやトウモロコシなどを原料とするバイオエタノールが，燃やしても大気中の二酸化炭素を増加させないカーボンニュートラルな燃料として注目されるようになり，食用との競合が問題となっている。

☞確認しよう ➡フェアトレード，緑の革命，バイオエタノール　　正答 **5**

⑧ わが国が環境保全のために推進している取組みに関する知識が解法のカギ。

1 × グリーンコンシューマー10原則では，「必要なものを必要なだけ買う」「使い捨て商品ではなく，長く使えるものを選ぶ」としている。グリーンコンシューマー（緑の消費者の意）は，1988年にイギリスで『グリーンコンシューマー・ガイド』が出版されて以来，その取組みが世界に広がった。日本では1991年に京都市で『かいものガイド・この店がかんきょうにいい』という地域版グリーンコンシューマー・ガイドが発行され，次第に各地に広がった。

2 × 環境共生住宅とは，エネルギー，資源などの面で十分に地球環境を保全する配慮がなされ，周辺環境との調和，快適な居住環境を実現した住宅および地域環境をいう。

3 × 記述の内容はエコマークではなく，**省エネルギーマーク**の説明である。エコマークは，商品の生産から廃棄までに環境負荷が少なく，環境保全に役立つと認められた商品につけられる環境ラベルの一つ。eの文字をデザイン化したもので，特にマークに色の指定はない。

4 ◎ 正しい。この取組みは，2000年に循環型社会形成推進基本法において導入された。

5 × 環境家計簿は，家庭で使う電気，ガス，水道，ごみ，ガソリンなどの量から二酸化炭素の排出量を計算するなどして，家庭でどの程度の環境負荷をかけているかを知り，生活行動の見直しを図るものである。

☞確認しよう ➡グリーンコンシューマー，環境共生住宅，省エネルギーマーク，循環型社会，環境家計簿　　　　正答 **4**

テーマ**4** 科学技術・医療

重要度

重要問題

科学技術や生命倫理に関する記述として最も妥当なのはどれか。

【国家一般職／税務／社会人・平成30年度】

1 生命維持装置の出現によって，患者本人が意思を表明できなくとも，延命治療が行われるようになり，QOL（生命の質）は大幅に改善された。

2 遺伝子組換え作物とは，遺伝子を操作して安全性を高めた作物であるが，生態系のバランスが崩れるおそれがあり，我が国では，販売が禁止されている。

3 インフォームド・コンセントとは，医師が患者に十分な説明を与えた上で，患者が治療の方針や方法について同意することをいう。

4 わが国では，脳死とは，自発呼吸はあるが脳波が平坦であるなど，脳幹を除く脳の大半の機能が停止した状態とされ，脳死者から臓器の移植が行われている。

5 iPS細胞（人工多能性幹細胞）を用いた再生医療は，拒絶反応の問題があり，また，作製の際に受精卵を壊す必要があるため，ヒトへは適用されていない。

解説

科学技術や医療の発展は，自然や人間のあり方との間であつれきを生むこともある。最新の科学技術や医療の情報とともに，人間の尊厳や倫理をめぐる議論も押さえておこう。

1 × QOL（Quality of Life：生命あるいは生活の質）とは，単に，客観的に病気でない状態を目指すべき健康状態と捉えるのではなく，人間らしさや生きがいなど本人の主観も含めて捉える考え方であるため，本人の意思と関わりのない延命医療は一概にQOLの改善とは評価されない。

242

2 × 遺伝子組換え作物（農作物）とは，遺伝子組換え技術を活用し有用な性質をもつよう改良した作物をいうが，食品や飼料として安全性に問題がないと審査されたもののみが輸入・流通・栽培される仕組みがつくられている。

3 ◎ 正しい。インフォームド・コンセントは，治療行為についての説明と同意を確保し患者の自己決定権を保障するものであり，わが国の医療法には「医師，歯科医師，薬剤師，看護師その他の医療の担い手は，医療を提供するに当たり，適切な説明を行い，医療を受ける者の理解を得るよう努めなければならない」（1条の4第2項）と明文の規定がある。

4 × わが国では，脳死とは脳幹を含む脳全体の機能が失われた状態とされる。通常，心臓の動きが止まる心停止などの条件も加えて「人の死」とみなされるが，臓器提供を前提とした場合に限り，脳死のみで人の死とみなされ，脳死者からの臓器の提供と移植が認められる。

5 × iPS細胞（人工多能性幹細胞）は，患者本人の体細胞から作製できるため，拒絶反応が起こりにくいと考えられており，再生医療などでの活用が期待されている。他方で，同様の多能性幹細胞であるES細胞（胚性幹細胞）は，患者本人由来ではない受精卵から作製される。このため，拒絶反応の問題がある。

☞確認しよう　➡ QOL，遺伝子組換え，先端医療，iPS細胞　　　　　正答 **3**

FOCUS

　科学技術や医療のめざましい発達にともない，人間が生命を操作することの是非めぐり新たな議論がうまれている。これら生命倫理とともに，情報化社会特有の問題にも積極的にニュース等を確認しておきたい。また，近年は日本人研究者が相次いでノーベル賞を受賞しているので，どのような研究・開発が受賞の対象となったのかという点にも着目しよう。

第3章

社会

要点の まとめ

重要ポイント ① 医療とバイオテクノロジー

医療の進歩にも大きくかかわるバイオテクノロジー（生命工学）や感染症対策などの話題は要チェック事項である。

■クローン技術

　1997年イギリスでクローン羊ドリーが誕生した。わが国のクローン技術規制法（2000年成立）は，クローン技術をヒトに応用しクローン個体や動物との交雑個体などを生み出すことを禁止している。

■ヒトゲノム

　ヒトのもつ全遺伝子情報をいい，2003年に国際ヒトゲノム計画においてすべての配列の解読完了が宣言された。

■臓器移植法

　1997年成立。1999年に初の脳死臓器提供が行われた。2009年の改正で，提供者本人の意思が不明な場合，家族の承諾で提供が可能となり，また，15歳未満からの提供や親族への優先的な提供も可能となった。

■感染症対策

　2019年に中国武漢市で発生が報告され世界的に拡大した「新型コロナウイルス」は，感染者の約8割は軽症，また8割は他者への感染がない一方で，重症化した場合は季節性インフルエンザと比べて死亡リスクが高いとされている。このウイルスは，一般の風邪やSARSやMERSのウイルスと同じくコロナウイルスのひとつである。SARS（重要急性呼吸器症候群）は，2002年に中国広東省で発生（現在は終息）したコウモリのウイルスのヒトへの感染であり，感染者の中に通常より多くの感染を引き起こす「スーパースプレッダー」が確認された。MERS（中東呼吸器症候群）は，2012年にサウジアラビアで発生したヒトコブラクダのウイルスの感染であり，同様に「スーパースプレッダー」が確認されている。感染症法の分類ではSARSとMERSは患者の入国拒否や強制入院，入院費の公費負担が可能な2類であり，新型コロナウイルスは2類相当の指定感染症である。

　その他，鳥インフルエンザ，エボラ出血熱，ジカウイルス感染症など近年は感染症の国際的な拡大がみられる。

第3章

社会

重要ポイント ➋ ネットワーク社会

 利便性とともに情報の利用の格差（デジタル・デバイド）をはらむ現代のネットワーク社会ににについて，基本的用語を確認しておこう。

■ビッグデータ（BD）

　TwitterやFacebookなどのSNSの投稿，クレジットカードの使用履歴，GPSの位置情報，気象情報など，いろいろな種類の膨大なデータのこと。それら膨大なデータの利用・活用がさまざまな事業や産業に広がりつつある。

■フィンテック（Fin Tech）

　金融（Finance）と技術（Technology）を組み合わせた造語であり，ビッグデータやAI（人工知能）など新しい技術を活用した革新的な金融サービスをさす。

■第5世代移動通信システム（5G）

　5Gは，4Gまでの技術の延長線上にある高速・大容量に加え，低遅延や多数同時接続機能を備える移動通信システムであり，通信・生活基盤のみならず新たな産業・社会基盤と位置づけられている。2019年から米国や韓国で本格展開が始まったが，わが国では同年にNTTドコモ，KDDI/沖縄セルラー電話，ソフトバンク，楽天モバイルの4社に周波数が割り当てられ，2020年より順次サービスが開始された。

■Society 5.0

　内閣府の第5期科学技術基本計画（2016 ～ 20年度）において，情報社会（Society 4.0）に続くわが国が目指すべき未来社会の姿として提唱された。IoTやロボット，ビッグデータなどの新たな技術を産業・社会に取り入れ，経済発展と社会的課題の解決を両立していく社会とされている。

重要ポイント ❸ **宇宙開発**

宇宙開発に関する出題もたびたびあるので，国際宇宙ステーションや惑星探査機，国産ロケットの話題は要チェック。

■国際宇宙ステーション（ISS）

アメリカ，欧州諸国，ロシア，日本などの国際協力体制で運用されている有人の宇宙施設。2011年7月に完成し，宇宙という特別な環境を利用して実験や研究，天体の観測などが行われている。

きぼう：宇宙航空研究開発機構（JAXA）が開発し，ISSに設置された日本の実験棟。

こうのとり：日本の宇宙ステーション補給機の愛称。ISSにさまざまな実験装置や宇宙飛行士の食料，衣類などを運ぶ。2020年に9号機の運用が終了し，現在後継機の開発が進められている。

■惑星探査

はやぶさ：小惑星「イトカワ」に到達し世界で初めて地球重力圏外にある天体からのサンプル回収に成功した日本の探査機。2003年に打ち上げられ2010年に地球に帰還した。2020年には後継機「はやぶさ2」により小惑星「リュウグウ」のサンプルが回収された。これは分離カプセルによるもので，現在「はやぶさ2」は別の小惑星探査に向かっている。

あかつき：2010年5月に打ち上げられたJAXAの金星探査機。同年12月の金星の軌道投入に失敗したが，2015年12月に金星周回軌道投入に成功した。

重要ポイント④ **ノーベル賞**

近年，日本人のノーベル賞受賞が続いている。受賞年，受賞者の名前，部門，受賞理由を整理して覚えておこう。

■近年の日本人のノーベル賞受賞者（2010～19年）

2010年	鈴木 章	化学賞	クロスカップリング反応を開発
	根岸 英一	化学賞	
2012年	山中 伸弥	生理学・医学賞	iPS細胞の作製
2014年	赤崎 勇	物理学賞	
	天野 浩	物理学賞	青色発光ダイオードの発明
	中村 修二	物理学賞	
2015年	梶田 隆章	物理学賞	ニュートリノ振動の発見
	大村 智	生理学・医学賞	線虫感染症の新しい治療法の発見
2016年	大隅 良典	生理学・医学賞	オートファジーの機構の解明
2017年	カズオ・イシグロ	文学賞	長編小説『日の名残り』
2018年	本庶 佑	生理学・医学賞	免疫チェックポイント阻害因子の発見とがん治療への貢献
2019年	吉野 彰	ノーベル化学賞	リチウムイオン電池を開発

第3章

社会

実戦問題

1 日本の医療に関する記述として，最も妥当なのはどれか。

【地方初級・平成23年度・改題】

1 臓器移植法が改正されたが，小児からの臓器提供は認められず，臓器のドナー（提供者）となれる年齢は15歳以上と定められた。

2 ジェネリック医薬品とは，これまで販売されていた薬の特許が切れた後に，同等の品質で製造販売される高価格の医薬品のことである。

3 2009年にアメリカ等で新型インフルエンザの発生が認められたが，日本では感染した海外渡航者の隔離等を実施したため，国内での患者発生は食い止められた。

4 経済連携協定に基づいてインドネシア，フィリピン，ベトナムから外国人看護師・介護福祉士候補者の受入れが実施されており，2019年現在，累計で3,800人以上が入国した。

5 日本では人口当たりの医師数がOECD平均を上回っているが，医師の地域的偏在の問題があるため，医師の不足する地域で勤務する医師の確保が急務となっている。

2 情報化社会に関する記述A～Dのうち，妥当なもののみを挙げているのはどれか。

【国家一般職／税務・平成27年度】

A 情報化社会の進展に伴い，個人情報の保護について問題が生じ，わが国では平成22年に情報公開法が制定され，個人情報の適切な取扱いが義務づけられた。

B 多様な大量の情報が伝達される社会の中で，情報を主体的に正しく読み取って活用できる能力が求められるが，この能力のことを情報リテラシーという。

C インターネットやコンピュータなどの情報通信技術を利用できる人・地域と，利用できない人・地域との格差をデジタル・デバイド（情報格差）という。

D インターネットの普及に伴い，新しいデザインなどを独占的に使用する権利である著作権や，自分の顔や姿を無断で絵画に描かれたりしない権利である商標権の侵害が問題となっている。

1 A, B

2 A, C

3 B, C

4 B, D

5 C, D

3 次のA～Cの説明に該当するIT用語の組合せとして妥当なのはどれか。
【地方初級・令和元年度】

A　インターネットを介して不特定多数の人々から資金調達すること。
B　自動車，家電，ロボット，施設などあらゆるものをインターネットにつなげ，情報のやり取りをすること。
C　情報通信技術を活用した革新的な金融サービスのこと。

	A	B	C
1	クラウドファンディング	IoT	フィンテック
2	クラウドファンディング	フィンテック	IoT
3	IoT	クラウドファンディング	フィンテック
4	IoT	フィンテック	クラウドファンディング
5	フィンテック	IoT	クラウドファンディング

4 MERSコロナウイルスによる感染症に関する記述として，最も妥当なのはどれか。
【警視庁・平成27年度】

1　この感染症は，2003年に流行した重症急性呼吸器症候群（SARS）と同じウイルスによるものであるが，発生地域が異なる点に特徴がある。

2　主として南米地域で患者が報告されており，その他の地域からも患者の報告があるが，それらはすべて南米地域への渡航歴のある人もしくはその接触者であることがわかっている。

3　2015年6月にWHO（世界保健機関）は緊急委員会を開催し，2014年8月に西アフリカでエボラ出血熱の流行が広がったときと同様，緊急事態を宣言した。

4　ヒトコブラクダがMERSウイルスの保有動物であるとされており，感染源の一つとして疑われている。

5　ヒトからヒトへの感染が確認されており，季節性インフルエンザに比べて感染力が高いことがわかっている。

第3章

社会

5 ノーベル賞に関する記述として，最も妥当なものはどれか。

【東京消防庁・令和2年度】

1 ノーベル賞は，X線の発見者であるアルフレッド・ノーベルの遺言に従って設けられた。

2 ノーベル賞の各賞受賞者は，すべてノルウェー・ノーベル委員会が決定している。

3 わが国のノーベル文学賞受賞者は，川端康成，大江健三郎，村上春樹の3氏である。

4 2019年には，エチオピアのアビー首相がノーベル経済学賞を受賞した。

5 2019年には，リチウムイオン電池を開発した吉野彰氏がノーベル化学賞を受賞した。

実戦問題●解説

1 医療分野のニュースに注意するとともに，基礎的な知識を確実に押さえ得点力を高めたい。

1 ✕ 2009年の臓器移植法の改正により，15歳未満の者でも家族の書面による承諾があれば臓器提供が可能となった。

2 ✕ ジェネリック医薬品とは，これまで販売されていた薬の特許が切れた後に同等の品質で製造販売される，低価格の医薬品をいう。

3 ✕ 2009年の新型インフルエンザ流行の際，政府は成田空港に到着した海外渡航者等に検疫を行ったが，国内でも海外渡航歴のない患者が確認された。SARSやMERSは国内での発生は確認されていない。

4 ◎ 正しい。2019年度現在，3国合わせて累計で看護師候補1421人，介護福祉士候補5063人の受入れが行われている。

5 ✕ 日本の人口1000人当たりの医師数は2.4人程度でありOECD各国の平均3.5人程度を下回る（OECD Health Statistics 2019）。

確認しよう ➡経済連携協定による看護師・介護福祉士候補者の受入れ

正答 4

2 情報化社会の変化に対応して法改正が行われている。また，情報技術の進展によって社会に生じている問題がポイント。

A 個人情報の適切な取扱いを義務づけた法律は，2003（平成15）年成立の個人情報保護法である。情報公開法（2001年施行）は，行政機関の資料を公開することを定めた法律。

B 正しい。メディアリテラシーもほぼ同義で使用される。

C 正しい。インターネットやコンピュータを利用できる人・地域と利用できない人・地域では，収入や雇用機会，労働条件などさまざまな格差が生じている。

D 「新しいデザインなどを独占的に使用する権利」は，商標権である。「自分の顔や姿を無断で絵画に描かれたりしない権利」は，肖像権である。

したがって，BとCが妥当なので，**3**が正答。

確認しよう ➡情報リテラシー，デジタル・デバイド

正答 3

第3章

社会

③ 新しいIT技術についての知識を問う問題。基礎的な知識を広く押さえておく。

A 「クラウドファンディング」の説明である。平成29年版消費生活白書は「インターネット上で公開した資金募集案件に対して投資者や寄付金を募る仕組み」として、フィンテックのひとつとして掲げている。支援に対するリターン（見返り）の形態により、リターンのない「寄付型」、完成した製品を提供する「購入型」、利益を分配する「金融型」に分類される。

B 「IoT」の説明である。

C 「フィンテック」の説明である。

したがって、正答は**1**である。

☞確認しよう ➡ネットワーク社会   正答 **1**

④ 近年世界的に流行した感染症について、特に新型コロナウイルスと区別できるよう発生地域・感染源等を確認しておこう。

1 × MERS（中東呼吸器症候群）は、SARSコロナウイルスと似ているが、違う種類のウイルスである。

2 × 主に中東地域で患者が報告されている。ヨーロッパやアフリカ、アジア、北米でも患者の報告があったが、これらはすべて中東地域への渡航歴のある人もしくはその接触者だという。

3 × 2015年6月にWHOがMERSコロナウイルスに関する緊急委員会を開催したが、国際的な緊急事態宣言には該当しないと結論づけた。

4 ◎ 正しい。

5 × MERSは、飛沫感染する季節性インフルエンザに比べて感染力は弱いとされている。

☞確認しよう ➡近年流行した感染症（MERS, SARS）   正答 **4**

⑤ ノーベル賞の概要とともに最新の日本人受賞者について，名前と授賞理由を確認しておこう。

1 × ダイナマイトの発明者であるアルフレッド・ノーベル（スウェーデン）の遺言に従って設けられた。

2 × 物理学，化学，生理学・医学，文学，経済学の各賞受賞者はスウェーデンの関係組織で，平和賞は隣国のノルウェー・ノーベル委員会で選考・決定される。

3 × 川端康成，大江健三郎の2氏。なお，カズオ・イシグロ氏は日本出身でイギリス国籍の文学賞受賞者。

4 × エチオピアのアビー首相は隣国エリトリアとの紛争解決に関し2019年に平和賞を受賞。

また，平和賞のみ，2020年に国連世界食糧計画が受賞するなど，団体も対象となる。

5 ◎ 正しい。2019年の化学賞は吉野彰氏。2020年には日本人受賞者はいなかった。

☞**確認しよう** ➡日本のノーベル賞の歴代受賞者　　　　　　　**正答 5**

重要度

重要問題

わが国の教育事情に関する記述として，最も妥当なのはどれか。

【中途採用者・平成23年度・改題】

1 義務教育の就学率は，戦後間もなくは50％程度であったが，高度経済成長期に大きく上昇し，1970年代以降は約90％を維持しており，高等学校等（通信制課程を含む）への進学率も80％近くになっている。

2 新学習指導要領の実施に伴う授業時数の増加に対して，少人数指導の要望が高まったことを受けて教育基本法が改正され，平成21年度から小・中学校の学級規模が40人から30人となった。

3 18歳人口が減少傾向にあることなどから，平成元年以降，4年制大学の数は減少を続けている。また，4年制大学への進学率は，ここ10年ほどは40％前後で横ばい傾向にある。

4 平成26年度から国公私立問わず，高等学校に通う一定の収入額未満の生徒に対し，就学支援金が支給される。

5 小・中学校の全児童生徒を対象に実施された平成30年度の全国学力・学習状況調査の結果によると，科学的リテラシーおよび数学的リテラシーについては，わが国はOECD平均より下位となっている。

解説

国内の教育制度改革と学力の国際比較についての知識が求められる。また，小・中学校，高等学校，大学等の進学率の推移についても知っておこう。

第3章

社会

1✕ 日本の就学率は，1883年にはすでに50％を超えており，1900年に義務教育（当時は尋常小学校）の授業料が無償となって，1902年からは90％，1975年には99.9％を超えている。また，高等学校等への進学率は，2010（平成22）年度以降98％を超えている。

2✕ 義務教育標準法の改正により2011（平成23）年から小中学校のうち小学1年の学級編制の標準が35人とされたが，それ以外は40人に据え置かれた。翌年から特例措置により小学2年も35人となった。現在，小学校の標準は法改正で順次35人とする方針が示されている。

3✕ 1990年代以降4年制の国立大学は減少傾向にあるが公立・私立の増加により，2019年には過去最多の786大学となった。4年制大学への進学率は2009年に50％を超え，2019年は53.7％となった。

4◎ 正しい。2014（平成26）年度から一定年収未満の世帯を対象に就学支援金が支給されている。公立については授業料と同額支給のため授業料は実質無償となるが，私立については授業料が支給額を超える場合その差額については自ら納めることとなる。

5✕ 経済協力開発機構（OECD）が3年ごとに実施する生徒の学習到達度調査（PISA）（15歳児。高校1年）の2018年調査では，日本は科学的リテラシー，数学的リテラシー，読解力のいずれの分野も平均より上位であったが，読解力には低下がみられた。

☞確認しよう ➡高等学校等就学支援金制度　　正答 **4**

参考 国際数学・理科教育動向調査（TIMSS）：
国際的な学力調査として，小学4年と中学2年と対象としたTIMSSが国際教育到達度評価学会により4年ごとに実施されている。2019年調査において日本は，算数・数学，理科の平均得点でいずれも国際的に上位にあり高い水準を維持した。
なお，日本では，2007（平成19）年から毎年小学6年生と中学3年生を対象に全国学力・学習状況調査を実施している。

FOCUS

　日本の現代の社会問題に関する出題が増えている。その内容は広範囲で多岐にわたるが，新たに制定された法律や基本法の改正に関するものが多い。また，日本人が高い評価を受けた映画祭や，日本人による国際的発明・発見のトピックスも欠かさずチェックしておきたい。

要点の まとめ

重要ポイント 1 教育政策

教育改革は政府の最重要課題の一つに位置づけられている。新たに制度化されたものや法改正がポイント。

■高等学校等就学支援金制度

2010年度から国公立高校の授業料が無償化された。私立高校は世帯収入に応じた高等学校等就学支援金が支給され、授業料との差額が自己負担となった。

2014年度からは国公私立いずれも新しい高等学校等就学支援金制度の対象となり、一定収入未満の世帯のみが支援の対象となった（モデルケース910万円未満）。

2020年度からは私立の一定収入未満（モデルケース590万円未満）の世帯に対する支援金額が一律に「私立高校の平均授業料を勘案した水準」（年39万6000円）に引き上げられ、私立についても「授業料実質無料化」がスタートした。なお、授業料以外の教科書費・教材費などには、一定収入未満の世帯を対象に高校生等奨学給付金による支援がある。

■教育再生実行会議

2013年、第二次安倍内閣において内閣官房に教育再生実行会議が設置された。内閣総理大臣、官房長官、文部科学大臣のほか有識者により構成され、内閣の最重要課題のひとつである教育改革について十一次（2019年5月）にわたる提言を行っており、いじめ防止対策推進法の制定、道徳の「特別の教科道徳」としての位置づけ、教育委員会改革、大学入試改革、義務教育学校の制度化など様々な施策が実施に移されている。

第十一次提言で行われた、Society 5.0時代の到来に向けたICT環境整備の推進や高等学校改革についての提言を受けて、中央教育審議会（文科省の審議会）に諮問が行われた。2019年補正予算では、これらの議論を踏まえ「GIGAスクール構想の実現」として補正予算が計上され、全国一律のICT環境整備に向けて、児童生徒1人1台端末整備事業や校内通信ネットワーク整備事業が実施されることとなった。

重要ポイント❷　消費者保護政策

消費者の安心・安全を確保する政策が進められている。法改正や新制度に関するトピックに注意しよう。

■消費者基本法

「消費者の権利の尊重」と「消費者の自立支援」を基本理念とした消費者政策の基本事項を定めた法律であり，2004年に消費者保護基本法の改正により改称された。

政府は消費者基本法に基づき消費者基本計画を定めることとなっており，第4期計画（2020年度～2024年度）では，消費者被害の防止，消費者の自立と事業者の自主的取組の加速，協働による豊かな社会の実現などを基本的方向とする施策の推進が示されている。

■消費者庁・消費者委員会

消費者庁は，消費者行政を一元的に推進するための司令塔，消費者委員会は消費者行政全般に対する監視を担う第三者機関として2009年に内閣府に設置された。消費者庁内には生命身体事故等の原因究明等を行う消費者安全委員会が置かれている。2020年に東京一極集中是正の一環として，消費者庁の「新未来創造戦略本部」が徳島県庁内に新設された。

■国民生活センター・消費生活相談センター

国民生活センターは消費者庁所管の独立行政法人であり，自治体設置の消費生活相談窓口の支援や，国民生活に関する情報の提供，調査研究，紛争解決の手続きの実施などを行う。すべての自治体には消費生活相談センター等の相談窓口が置かれており，国民生活センターとともに全国共通電話番号「188」の消費者ホットラインが運用されている。

■食品表示法

表示に関わる法律を統合した食品表示法（2013年制定）に基づく新たな食品表示制度が，2020年度から完全施行となった。施行済みの生鮮食品の規定に加え，加工食品等に栄養成分表示が義務づけられ，また，個別の原材料や添加物にアレルゲンの表示が必要となった。食品表示法はアレルゲンを含む食品のうち7品目を特定原材料として表示を義務づけるが，その他21品目がそれに準ずるものとして表示推奨とされている。

■消費者契約法

　消費者契約法（2000年制定）の改正により消費者契約取消しの対象が順次拡充されている。2016年には過量契約に関する取消権，2018年には消費者の不安をあおる告知，好意の感情の不当な利用といった不当勧誘行為に対する取消権が創設された。

■クーリング・オフ制度

　契約後，消費者に対し冷静に考え直す時間を与え，一定期間であれば無条件で契約解除ができる制度。特定商取引法に基づき訪問販売や電話勧誘販売（8日間），連鎖販売取引（マルチ商法。20日間）などに適用があるほか，保険業法，宅地建物取引業法，割賦販売法などにもそれぞれ定めがある。通信販売にはクーリング・オフ制度の適用はない。

重要ポイント❸ 青年期の心理

青年期の心理については，防衛機制や精神分析の基礎知識を押さえておこう。

■自我の防衛機制

①合理化：自分の考えや行動を正当化したり理屈づけしたりする。

②昇華：満たされない欲求を学問や芸術など社会的価値があるものに置換する。

③反動形成：正反対の行動をとって満たされない欲求から逃れようとする。

④抑圧：不快な感情は意識しないようにしたり，記憶から消し去ろうとしたりする。

⑤同一化（同一視）：社会的に有力な個人・集団と自分が同一のものと思う。

⑥補償（代償）：自分が他者より劣っていると意識し，それを補おうとする。

⑦投射：自分が持っていると認めるのが望ましくない考えや感情を他者に移し換える。

⑧逃避：困難なことから逃げたり，意識から排除したりする。

重要ポイント 4　世界遺産

 日本はここ数年，世界遺産の登録ラッシュである。登録名と所在地の知識が問われる。

日本の世界遺産

（2021年1月現在）

①法隆寺地域の仏教建造物（奈良県）1993年	⑫紀伊山地の霊場と参詣道（三重県，奈良県，和歌山県）2004年
②姫路城（兵庫県）1993年	⑬知床（北海道）2005年
③屋久島（鹿児島県）1993年	⑭石見銀山遺跡とその文化的景観（島根県）2007年
④白神山地（青森県，秋田県）1993年	⑮小笠原諸島（東京都）2011年
⑤古都京都の文化財（京都府，滋賀県）1994年	⑯平泉－仏国土（浄土）を表す建築・庭園および考古学的遺跡群（岩手県）2011年
⑥白川郷・五箇山の合掌造り集落（岐阜県，富山県）1995年	⑰富士山－信仰の対象と芸術の源泉（静岡県，山梨県）2013年
⑦原爆ドーム（広島県）1996年	⑱富岡製糸場と絹産業遺産群（群馬県）2014年
⑧厳島神社（広島県）1996年	⑲明治日本の産業革命遺産　製鉄・製鋼，造船，石炭産業（岩手県，静岡県，山口県，熊本県，佐賀県，長崎県，鹿児島県）2015年
⑨古都奈良の文化財（奈良県）1998年	⑳国立西洋美術館本館（東京都）2016年（「ル・コルビュジエの建築作品－近代建築運動への顕著な貢献－」の構成資産の一つとして登録）
⑩日光の社寺（栃木県）1999年	㉑「神宿る島」宗像・沖ノ島と関連遺産群（福岡県）2017年
⑪琉球王国のグスクおよび関連遺産群（沖縄県）2000年	㉒長崎と天草地方の潜伏キリシタン関連遺産　（長崎県・熊本県）2018年
	㉓百舌鳥・古市古墳群　－古代日本の墳墓群－（大阪府）2019年

※③④⑬⑮は自然遺産，ほかはすべて文化遺産。

実戦問題

1 次は令和2年12月に文部科学省が発表した学校基本調査の結果に関する記述であるが，文章中の下線部ア〜エの記述のうち，正しいものの組合せとして，妥当なのはどれか。 【警視庁・平成24年度・改題】

　令和2年度学校基本調査によれば，高等学校の学校数は前年度に比べて減少しているが，これを設置者別に見ると，ァ私立の高等学校数の減少が目立っている。また，ィ中高一貫教育を行う高等学校数も減少の傾向を示している。

　令和2年3月に高等学校を卒業した者の卒業後の状況について見ると，大学・短期大学等へ進学した者の割合が最も高く，ゥその比率は前年度に比べ上昇しており，ェ就職者の割合は前年度に比べわずかに減少した。

1 ア，イ
2 ア，ウ
3 イ，ウ
4 イ，エ
5 ウ，エ

青年期や自己形成に関する記述として最も妥当なのはどれか。

【国家一般職／税務／社会人・平成29年度】

1 エリクソンは，子どもと大人の中間者である青年をマージナル=マン（境界人）と名付け，通過儀礼（イニシエーション）を経ることで，青年期を延長できるとした。

2 レヴィンは，青年期をモラトリアムの期間と名付けたうえで，「我々はいわば二回生まれる」と述べ，青年期における心身の変化を第二の誕生と呼んだ。

3 フロイトは，無意識の適応行動を防衛機制と呼び，欲求と正反対の行動をとる合理化や，欲求を社会的に価値のある行為に向ける反動形成などがあるとした。

4 ハヴィガーストは，人が生まれながらに持っている個性をパーソナリティと呼び，青年期に自己の変革を目指して主体的な努力を行うことは無意味であるとした。

5 マズローは，欲求は五つの階層を成しており，生理的欲求などの基礎的な欲求がある程度満たされた後に，自己実現などの高次元の欲求が現れるとした。

❸ **わが国の世界遺産に関する記述として，最も妥当なのはどれか。**
【警察官・令和元年度】

1 「富士山」の構成遺産には，周辺の神社などが幅広く含まれている。

2 「明治日本の産業革命遺産」の代表例は，富岡製糸場である。

3 「ル＝コルビュジエの建築作品」の一つに，旧帝国ホテルがある。

4 「『神宿る島』宗像・沖ノ島」は，神奈川県で唯一登録されている世界遺産である。

5 「潜伏キリシタン関連遺産」の中心は，天草四郎の潜伏先となった大浦天主堂である。

❹ **消費者問題と消費者保護の法律に関する記述として，妥当なのはどれか。**
【特別区・平成27年度】

1 消費者保護基本法は，国，地方公共団体および企業の責務と消費者自身の役割を規定した消費者基本法を全面改正し，国の消費者政策の目的を消費者の自立支援から消費者の保護へと変化させた法律である。

2 製造物責任法（PL法）では，身体や財産にかかわる被害について，製品に欠陥のあったことを立証し，製造者に過失があれば製造者が損害賠償の責任を負わなければならない。

3 消費者契約法では，消費者に不利益を与える条項が含まれる契約は無効にできるが，事業者が契約に当たって口頭で事実と違う説明をした場合は，その契約を解除できない。

4 割賦販売法は，一定期間内であれば違約金や取消し料を支払うことなく契約を解除できるクーリング・オフの制度を定めている。

5 訪問販売法は，特定商取引法を全面改正し，売買契約を締結してもクーリング・オフの制度が消費者に無条件で適用されるようにした法律である。

実戦問題 ● 解説

① 近年の高等学校の数や高等学校卒業後の進路の傾向についての問題である。大学・短期大学への進学率と就職率の変化がカギ。

ア 私立の高等学校数はほぼ横ばいで推移していが，前年から13校減少するなど公立の減少が目立つ。

イ 中高一貫教育校は増加の傾向にある。中等教育学校56校，併設型496校，連携型88校と2013（平成25）年度の合計450校から大幅に増加している。

ウ 正しい。大学・短期大学への進学率は55.8％で，前年度より1.1ポイント上昇した。過年度卒を含む統計では58.6％で，前年度より0.5ポイント上昇し過去最高となった。

エ 正しい。卒業者に占める就職者の割合は17.4％であり，前年度17.7％よりわずかに減少している。

したがって，**5**が正答である。

☞ 確認しよう ➡ 高等学校卒業者の進路の傾向　　　　　**正答 5**

② 青年期をめぐる代表的な言説について基本的な知識を整理しておこう。

1 ✕ マージナル＝マン（境界人）とは，ある領域に属さずにその周辺領域にいる存在のことをさす。青年期を子どもと大人のマージナル＝マンと位置づけて分析を行ったのはレヴィンである。

2 ✕ 青年期を社会的責任から猶予されたモラトリアム期間と名づけたのはエリクソンである。また「我々はいわば二回生まれる」と述べ，青年期における心身の変化を第二の誕生と呼んだのはルソーである。

3 ✕ フロイトは，緊張状態から自分自身を守るための無意識の適応行動を防衛機能と呼んだ。欲求と正反対の行動をとるのが反動形成であり，欲求を別の価値ある行為に向けるのが昇華である。

4 ✕ ハヴィガーストは，人生を6段階に分類し，各発達段階で習得すべき課題を達成することで人は幸福な発達を遂げることができるとした。

5 ◎ 正しい。マズローは，人間の欲求は5つの階層（生理的欲求・安全欲求・社会的欲求・承認欲求・自己実現欲求）をなしており，低い段階の欲求が満たされると，より高い段階の成長欲求が生まれるとした。

☞ 確認しよう ➡ 防衛機能，承認欲求　　　　　**正答 5**

第3章

社会

3 日本の世界遺産は毎年のように増えているので，登録された地域や施設名を押さえておこう。

1 ◎ 正しい。2013年登録の文化遺産「富士山—信仰の対象と芸術の源泉」は，富士山域のほか多数の神社・住宅などで構成されている。

2 × 文化遺産「富岡製糸場と絹産業遺産群」（群馬県）は2014年に登録された。文化遺産「明治日本の産業革命遺産 製鉄・製鋼，造船，石炭産業」は翌2015年に登録，産業遺産群から構成される。

3 × 2016年登録の文化遺産「ル・コルビュジエの建築作品—近代建築運動への顕著な貢献」は，日本からは国立近代美術館（東京都）が登録されている。

4 × 2017年登録の文化遺産「『神宿る島』宗像・沖ノ島島と関連遺産群」の構成資産はすべて福岡県内にある。

5 × 2018年登録の文化遺産「長崎と天草地方の潜伏キリシタン関連遺産」（長崎県・熊本県）の構成資産のひとつであるが，同じく構成資産である大浦天主堂（1864年竣工）は潜伏先ではない。

☞確認しよう ➡日本の世界遺産と無形文化遺産　　　　　　　　　**正答 1**

4 消費者問題に関する基本的な知識が問われている。消費者保護の法律の変遷を理解しよう。

1 × 消費者保護基本法と消費者基本法の説明が逆である。1968年に消費者保護基本法が制定され，これが2004年に大幅に改正されて**消費者基本法**へと名称も変わった。

2 × **製造物責任法（PL法）**は，製造者の過失の有無にかかわらず，製品の欠陥を証明できれば製造者が賠償責任を負わなければならない。

3 × 後半の記述が誤り。口頭で事実と違う説明した場合も，消費者契約法第4条1項1号の「**不実告知**」に当たり，その契約は解除できる。

4 ◎ 正しい。割賦販売法は**クーリング・オフ**制度が導入され，一定期間内であればその契約を解除できる。

5 × 訪問販売法（1976年制定）から，2000年の改正で**特定商取引法**（特定商取引に関する法律）に名称が変更された。

☞確認しよう ➡割賦販売法，クーリング・オフ　　　　　　　　**正答 4**

●本書の内容に関するお問合せについて

本書の内容に誤りと思われるところがありましたら，まずは小社ブックスサイト（jitsumu.hondana.jp）中の本書ページ内にある正誤表・訂正表をご確認ください。正誤表・訂正表がない場合や，正誤表・訂正表に該当箇所が掲載されていない場合は，書名，発行年月日，お客様のお名前・連絡先，該当箇所のページ番号と具体的な誤りの内容・理由等をご記入のうえ，郵便，FAX，メールにてお問合せください。

〒163-8671　東京都新宿区新宿1-1-12　　実務教育出版　第二編集部問合せ窓口
FAX：03-5369-2237　　　　E-mail：jitsumu_2hen@jitsumu.co.jp

【ご注意】
※電話でのお問合せは，一切受け付けておりません。
※内容の正誤以外のお問合せ（詳しい解説・受験指導のご要望等）には対応できません。

公務員試験［高卒程度・社会人］
初級スーパー過去問ゼミ　社会科学

2021年 3 月20日　初版第 1 刷発行　　　　　　　　　　　〈検印省略〉
2024年 4 月 5 日　初版第 4 刷発行

編　者　資格試験研究会
発行者　淺井　亨

発行所　株式会社　実務教育出版
　　　　〒163-8671　東京都新宿区新宿1-1-12
　　　　☎編集　03-3355-1812　　販売　03-3355-1951
　　　　振替　00160-0-78270

印　刷　精興社
製　本　東京美術紙工